Paru dans Le Livre de Poche :

UN OURSIN DANS LE CAVIAR.
LA CUISSE DE JUPITER.
UN OURSIN SUR LES TAPIS VERTS.
DU VINAIGRE SUR LES HUILES.
ET SI JE DISAIS TOUT...
TOUS DES HYPOCRITES SAUF VOUS ET MOI...
DOUZE MOIS ET MOI.

PHILIPPE BOUVARD

Les Grosses Têtes en folie

J.-C. LATTÈS

© Éditions J.-C. Lattès/RTL, 1986.

I

Pour avoir le premier mot

LE guignol pour grandes personnes se porte bien, je vous remercie. Il vient d'entrer dans sa dixième année.

Au départ, il y avait tout ce qu'il faut pour que l'entreprise ne dure pas longtemps : une simple envie de bavarder de tout et de rien entre gens qui ne se prennent pas au sérieux. Si la formule a obtenu autant de succès et s'est ancrée si fortement dans la vie quotidienne de plusieurs millions de francophones, c'est parce qu'elle a su évoluer, tout en restant fidèle à elle-même. D'abord la répétition qui use tellement à la télévision se révèle positive à la radio où l'on n'impose pas son image en même temps que ses paroles. Ensuite, les totémisations – parfois absurdes – des différents participants ont pris, avec le temps, une épaisseur qui les authentifie d'autant plus que, consciemment ou pas, ceux qui étaient concernés ont tout fait pour ressembler à l'image déformée qu'on avait donnée d'eux. Enfin, j'ai pu trouver et parfois retenir des personnages nouveaux et très attachants.

Chantal Nobel avant son accident, *Darie Boutboul* avant ses malheurs se sont révélées de véritables bêtes de micro. *Ludmilla Tchérina* est venue plusieurs fois lancer des pointes extra-chorégraphiques, *Andréa Ferréol, Marie-Christine Barrault, Olga Georges-Picot, Arlette Didier, Amarande, Macha Méril* et *Laurence Badie* se sont affirmées comme de vraies natures. Une palme spéciale à *Charlotte de Turckheim*, véritable clown en jupon. *Marianne Sergent* et *Josiane Balasko* ont apporté quelques effluves de café-théâtre. *Marie-Christine Debourse* a, elle aussi, bien suivi le train. Mais les plus étonnantes ont été *Alice Sapritch* et *Sophie Desmarets*. De grandes comédiennes qu'on croyait connaître et qu'on a découvertes, libérées de leurs auteurs habituels, avec un humour très personnel, un sens aigu de l'autodérision et une façon inimitable de dire avec distinction, et comme à regret, des énormités. Sophie, c'est aux « Grosses Têtes » comme à la ville la marquise qui n'a pas froid aux yeux et qui se délecte de nos innocentes gauloiseries. Alice assume avec une grande gaieté le personnage physique et moral dont la nature et la légende l'ont gratifiée. A notre manque total de galanterie, aux vacheries de plus ou moins bon goût sur son type de beauté ou sur ses faiblesses pour le locataire de l'Elysée, elle répond par un solide et joyeux « T'occupe! » qui est devenu un des leitmotive les plus appréciés de l'émission.

Je ne suis pas peu fier non plus d'avoir découvert – radiophoniquement – *Claude Sarraute*. Je connaissais depuis longtemps celle qui est à la ville l'épouse de *Jean-François Revel*. J'appréciais ses billets quotidiens dans *Le Monde* et je subodorais qu'elle pourrait être parmi nous la dame B.C.B.G., naïve et gaie, pudibonde et très informée des choses du sexe, que nous cherchions depuis longtemps. *Françoise Xenakis*, dont j'avais goûté la gaieté durant une croisière, a su également oublier les impératifs intellectuels de la critique littéraire pour se mêler, sans retenue et avec une grande verdeur de langage, à nos jeux quotidiens.

Trois chanteuses, *Linda de Suza*, *Gloria Lasso* et *Rika Zaraï*, sont venues nous rejoindre. Linda a eu quelque peine à comprendre toutes nos mauvaises plaisanteries, mais Gloria Lasso est allée souvent beaucoup plus loin que nous. Sur les sept maris et les innombrables amants qui ont partagé sa couche, elle n'a caché aucun détail, aucun souvenir, aucune rancœur. C'est en l'écoutant narrer par le menu une vie de moins en moins privée et toujours gaillarde que j'ai pu vérifier la boutade de l'humoriste qui affirmait que les réponses sont souvent plus indiscrètes que les questions. *Rika Zaraï* intervient moins comme chanteuse ou comme sergent-chef de l'armée israélienne que comme diététicienne et comme best-seller. Quand elle participe aux enregistrements, la fleur de thym et la carotte râpée sont au programme. Pas une rencontre où il ne soit question des salutaires effets astringents que provoque l'introduction du séant dans une bassine préalablement remplie d'eau fraîche. Sur ce sujet, elle est intarissable et professe avec une autorité croissante, puisqu'elle ne se fonde pas sur la qualité des diplômes, mais sur le nombre des lecteurs. Lorsque nous la lançons sur les vertus roboratives de l'épinard, sur les ressources infinies des tisanes ou sur la réhabilitation du navet, elle se montre inépuisable, en dépit des coups d'œil de plus en plus furieux que lui lance *Jean-Pierre*, son mari-manager, qui veut bien qu'on rie de son épouse et de ses petites manies, mais qui ne souhaite pas qu'on ridiculise le filon.

Côté hommes, les grands ténors sont toujours là : *Jacques Martin*, qui a repris sa grande forme; *Olivier de Kersauzon*, cyclothymique, mal dans sa peau et génial; *Jean Yanne*, qui ne passe jamais par Paris sans venir faire auprès de nous un de ces numéros de fausse colère dont il a le secret; *Gérard Jugnot*, qui a apporté aux « Grosses Têtes » l'humour du café-théâtre; *Philippe Castelli*, qui joue avec de plus en plus d'intelligence le rôle délicat du demeuré de service; *Léon Zitrone*, qui ne parle plus que de fesses; *Sim*, auquel il faut attribuer la médaille de la bonne humeur constante et de l'efficacité; *Thierry Le Luron*, qui ne ménage rien ni personne; *Patrick Sébastien*, truculent, plein de santé; et *Daniel Ceccaldi*, qui distille avec classe des propos qui n'en ont parfois aucune.

Nous voyons moins, en revanche, car les tournées en province ou les tournages de films ont espacé nos rapports, *Jacques Balutin*, *Charles Level* ou *Darry Cowl*, *Roger Carel*. *Roger Pierre* est revenu avec sa mine de petites histoires, de situations, de mots drôles; *Dominique Paturel* s'est imposé et *Joséphine Chaplin*, la petite dernière des « Grosses Têtes », introduit un peu de fraîcheur dans un répertoire salé. Nous voyons de temps à autre *Bernard Blier* et *Jacques Chazot*. *Carlos* nous fait parfois bénéficier d'un mauvais goût très sûr, ainsi que d'une belle santé morale et physique. *Michel Leeb* n'est jamais parvenu au rythme souhaité. *Michel Boujenah* a eu besoin de quatre enregistrements pour commencer à se sentir à l'aise. *Francis Lalanne* s'est, en revanche, montré un joyeux compagnon. *Patrick Baudry* a fait figure honorable et *Bernard Tapie* a été, dès la première minute, aussi disert, aussi détendu que s'il faisait partie de notre affiche depuis dix ans. Je regrette souvent que les numéros qu'il donne en d'autres occasions (émissions de télévision, entretiens avec des banquiers ou avec des syndicalistes) ne lui permettent pas davantage de présence. Quelques déceptions : *Fabrice Lucchini*, jeune acteur de talent, n'avait pas d'humour; le voyant *Nathaniel* a réussi la double performance d'être à la fois vulgaire et sans intérêt; *Pierre Arditi* n'a pas dit un mot; le professeur *Choron* en a dit des trop gros et *Alain Gillot-Pétré* a eu la grosse tête.

J'espère que la liste ne s'arrêtera pas là et que je coopterai encore des gens très connus, mais que l'on ne connaissait pas sous ce jour-là, ou que je ferai découvrir de nouveaux comiques, volontaires ou involontaires, au public de R.T.L. Je suis en état permanent de recherche. Toutes les semaines, je lance plusieurs noms. L'essai n'a pas toujours lieu, car certains artistes refusent prudemment une épreuve dont ils savent qu'elle ne correspond pas à leur tempérament et dont ils subodorent qu'elle ne tournerait pas à leur avantage. D'autres, qui auraient dû répondre par une fin de non-recevoir, acceptent et ne sont jamais réinvités; d'autres encore font une demi-douzaine d'apparitions et s'éloignent, nous ayant visiblement tout donné.

L'apothéose de ce phénomène qui échappe aux classifications, aux exégèses et aux pronostics a eu lieu par deux fois en novembre et en décembre 1985. En novembre, sur la scène du Palais des Congrès. En décembre, sur Antenne 2. En fait, il s'agissait de la même manifestation enregistrée devant quatre mille personnes, puis diffusée en différé devant dix-huit millions de téléspectateurs. Pour célébrer la 2500e, j'avais imaginé de réunir quarante Grosses Têtes et, à partir de ce chiffre, j'avais fondé une « Académie gauloise » dont la séance plénière nous permit de revoir *Jean Dutourd*. Un énorme battage médiatique, une manifestation bien parisienne, mais un enregistrement très difficile. L'acoustique du Palais des Congrès est déplorable, la communication entre la salle et la scène est nulle, on ne fait pas parler aussi facilement quarante rigolos que quatre. Bref, lorsque la fête toucha à sa fin, j'étais assez dépité. Pendant le mois qui sépara l'enregistrement de la diffusion, je me fis quelques cheveux blancs. J'appréhendais les chevauchements verbaux, la mauvaise qualité du son, les plaisanteries douteuses et, surtout, le fait que la plupart de mes ténors n'avaient eu le temps – ou l'envie – que de fredonner quelques notes. C'était sans compter avec les petits miracles d'un montage dirigé par l'excellent *Guy Job*, par la véritable réanimation sonore d'une bande qui laissait à désirer, par des coupes judicieuses pratiquées au rasoir et parfois au laser, par l'importance d'un plateau exceptionnel et par le fait que je visualisais pour la première fois (et sans doute pour la dernière) « les Grosses Têtes ». Si, le soir de la diffusion, les trois millions d'habitués de l'émission ont dû trouver que la densité de rigolade était moins grande, quinze millions d'autres qui ne connaissaient « les Grosses Têtes » que de réputation les ont découvertes et nous avons réalisé le plus important score d'audience de toute l'année avec une émission qui n'avait pu être répétée une seule fois et qui fut donc, pendant deux heures, basée sur une totale improvisation.

Nos galas en province (nous n'oserions pas nous livrer près de nos domiciles à cette escalade de la gauloiserie qui situe toutes les histoires, toutes les interventions, tous les bons mots au-dessous de la ceinture et au-dessus des genoux) se sont également poursuivis. *Philippe Castelli* est devenu une grande vedette. *Léon Zitrone* travaille deux fois plus depuis qu'il est – en principe – à la retraite. *Sim* fait aussi un malheur dans les librairies. Les rapports de force entre mes invités sont devenus plus simples : ceux qui faisaient semblant de se fâcher le sont vraiment, ceux qui paraissaient s'aimer se le sont parfois prouvé. Le vicomte-amiral crache de plus en plus dans la soupe, mais, en dépit de sa hargne contre l'audiovisuel, il a écouté le chant des sirènes berlusconiennes, après avoir tâté un peu de Canal Plus.

Les questions d'auditeurs sont toujours aussi nombreuses, mais j'en écarte un grand nombre, car elles ont tendance à se répéter. La prime allouée à l'auteur d'une question sans réponse est passée de cinq cents à mille francs. Je pose une fois par émission une question dite à deux mille francs, car la dotation est doublée par *Télé 7 Jours*. Certains de mes correspondants ont compris qu'à valeur égale avec d'autres leurs questions avaient plus de chance d'être sélectionnées s'ils se réclamaient d'un patronyme égrillard. J'ai ainsi pu donner leur chance assez souvent à *Mlle Chamouyet*, à *M. Belverge*, à *Mme Bocon* et à une dizaine d'autres dont j'avoue que je ne sais plus s'ils excipent de leur véritable identité ou d'un nom de guerre.

Nous avons vu s'éloigner *Denise*, notre énorme groupie. Elle nous attend, paraît-il, au café voisin, mais elle n'entre plus dans le studio et les friandises propitiatoires se font donc plus rares sur notre table. Mon rôle personnel n'a pas varié : je suis le chef de gare à la fois chargé de surveiller les heures du train et de le faire régulièrement dérailler. Je me laisse parfois aller. Non sans regretter aussitôt mon jeu de mots facile ou ma plaisanterie graveleuse. J'espère qu'on les coupera. Mais je ne le demande jamais...

Voici donc, après *Les Fous Rires des Grosses Têtes*, *Les Grosses Têtes en folie*. De nouveaux morceaux choisis afin de vous permettre de revivre les bons moments de ces trois dernières années. La première fois, je l'avoue, la gageure était inquiétante. Personne ne pouvait dire en effet avec certitude si les boutades lancées dans le feu de l'action au micro conserveraient leur impact en passant du parler à l'imprimé. Le résultat a été très probant. Il a prouvé que, comme les grands textes de la littérature supportent parfaitement d'être dits, l'humour, lorsqu'il se trouve assorti d'une certaine qualité d'expression, gagne encore en puissance dans l'écrit.

Tout au plus, la classification adoptée dans ce livre est-elle très différente de celle du précédent. Les titres des chapitres annoncent bien la couleur : « Sans cœur et sans pudeur », « Muflertes », « Histoires », « Amabilités et coups de foudre », « Vie privée », « Les aveux les moins doux », « Les absents ont toujours tort », « Chanson et poésie »,

« Vraie et fausse culture », « Horreurs et billevesées » et naturellement « Jeux de mots ».

J'ignore quel sera l'avenir des « Grosses Têtes ». La redistribution des cartes dans l'audiovisuel français rend tout pronostic impossible. Mais je sais déjà que « les Grosses Têtes » ont un solide passé et que la tradition orale qu'elles ont instaurée pèsera – parfois un peu lourdement, j'en conviens – sur la plupart des divertissements proposés aux Français, en cette fin de deuxième millénaire.

Ph. B.

II

Vraie et fausse culture

Philippe BOUVARD
Question de M. Taillé, de Buzet.
Quel est le chef d'Etat qui doit être élu à la majorité des deux tiers des suffrages exprimés plus une voix?

Philippe CASTELLI
En Angleterre?

Philippe BOUVARD
Ecoutez, ne dites pas de bêtises, cher monsieur Castelli...

Olivier DE KERSAUZON
C'est le pape.

Philippe BOUVARD
C'est le pape. Bonne réponse de l'Amiral.
On n'a pas à élire la reine d'Angleterre, monsieur Castelli, réfléchissez un peu!

Philippe CASTELLI
Eh! Moi, je réponds n'importe quoi et puis quelquefois je tombe juste. Neuf fois sur dix, je dis une connerie. Ce n'est pas le résultat d'une culture, c'est un coup de pot et puis voilà...

*

Philippe BOUVARD
Question de M. Tissoire, de Nogent.
Sous quel nom, beaucoup plus court, connaît-on la romancière : Sibylle, Gabrielle, Marie-Antoinette Riqueti de Mirabeau.

SIM
Colette.

Jacques MARTIN
Gyp.

Philippe BOUVARD
Bonne réponse de Jacques Martin. Ça, c'est de la culture!
Et maintenant, je vais lui poser la question en la retournant : quel était le vrai nom de Gyp?... *(Silence prolongé)*

*

Philippe BOUVARD
De Mme Delaye, d'Angers.
Qui a dit : « Il faut prendre l'argent où il est, c'est-à-dire chez les pauvres. Bon, d'accord, ils n'ont pas beaucoup d'argent, mais il y a beaucoup de pauvres »?

Philippe CASTELLI
Jarry, Allais?

Philippe BOUVARD
C'est Allais, bonne réponse de Philippe Castelli. Cela permet de constater qu'Allais a inspiré presque tous nos ministres des Finances.

Sim
Est-ce que vous connaissez la différence qu'il y a entre le socialisme, le communisme, le capitalisme et la technocratie?

– Le socialisme : Vous avez deux vaches. Vous prenez une vache et vous la donnez à votre voisin.

– Le capitalisme : Vous avez deux vaches. Vous vendez une vache et vous achetez un taureau pour faire de la reproduction.

– Le communisme : Vous avez deux vaches. L'Etat vous prend les deux vaches et vous vend le lait.

– Et la technocratie : l'Etat vous prend les deux vaches, il abat une vache, il trait l'autre et il fout le lait par terre...

*

Philippe Bouvard
Une question de M. Hubert, de Bruxelles, qui s'adresse en priorité à Olivier de Kersauzon.

Que signifie une barre d'argent transversale sur des armoiries?

Olivier de Kersauzon
Qu'il y a eu un bâtard?

Philippe Bouvard
Oui. Signe de bâtardise. Bonne réponse de l'Amiral.

Alors, il y a eu des bâtards chez les Kersauzon?

Olivier de Kersauzon
Non. Mais je connais des familles où il y en a sûrement eu!...

Jacques Martin
Voyez ce que je veux dire...

Philippe Bouvard
Qu'est-ce que vous avez sur votre blason?

Olivier de Kersauzon
Je vous l'ai déjà dit. Un lapin de garenne, deux mitrailleuses, un préservatif, un transistor et un décodeur de Canal Plus...

Philippe Bouvard
Alors, si vous le voulez, expliquons un à un tous ces symboles.
Le préservatif?

Olivier de Kersauzon
Le préservatif, c'est pour l'expression ancienne... : « Dieu nous préserve. »

Philippe Bouvard
Le décodeur, bon... C'est vu. Qu'est-ce qu'il y a d'autre?

Olivier de Kersauzon
Un lapin de garenne.

Philippe Bouvard
Oui, pourquoi?

Olivier de Kersauzon
Je sais pas! Il est là, j' vais pas le chasser, non? La chasse est fermée.

Philippe Bouvard
Ensuite, une lame de rasoir, je crois?

Olivier DE KERSAUZON
Non. La lame de rasoir, Gainsbourg l'a prise il y a deux jours, j' sais pas pour quoi faire d'ailleurs!

Philippe BOUVARD
Il n'y a pas un démonte-pneu et une livre de saindoux?

Olivier DE KERSAUZON
Non.

Philippe BOUVARD
Alors, ce n'est pas un blason!

*

Philippe BOUVARD
De M. Dérouète, d'Argenteuil.
Qu'est-ce que Pierre Mac Orlan a demandé qu'on enferme avec lui dans son cercueil?

Jacques MARTIN
Un brémouzard.

Philippe BOUVARD
Un quoi?

Jacques MARTIN
Un brémouzard.

Philippe BOUVARD
Qu'est-ce que c'est qu'un brémouzard?

Jacques MARTIN
C'est un gonflet à pattemouille avec deux ventricules de soubassement et un quintet de douze, hein, c'est ça?

Sim
C'est comme un bidouillard à percussion centrale.

Jacques Martin
Il y a une échaude qui est sur un surplat de métron, qui est fixée par deux rotamouilles qui tiennent un surélévateur à condensation subfaciale qui entraîne deux doubles pédaliers circonvolutifs excentrés.

Olivier de Kersauzon
Ouais, mais sans mâchoire double?

Sim
Forcément, la michaude est plus petite que le ziglement.

Jacques Martin
Tu as la grande michaude et la petite michaude.

Olivier de Kersauzon
Ça marche à condition que ton système de chanfrein soit adapté à la molette supérieure et, comme c'est elle qui donne le décalage des rouages qui fait vibrer la balantine et toucher le koper, il n'y a que comme ça que tu réussis à modifier l'ensemble.

Jacques Martin
Et pour grapouiller, alors, tu reprends au niveau des mécaniques et avec le soubassement du stérilisateur...

Olivier de Kersauzon
Sans débrayer la boîte.

Sim
Faut faire attention aux ressorts à proportions subalternes...

Jacques MARTIN
Oui. Ah! bien sûr, bien sûr...

Olivier DE KERSAUZON
Plus maintenant, parce que tu as des mouchottes de 36... Si le ressort se met à vibriner, les deux mouchottes empêchent le calterage et tu passes la crabule.

Jacques MARTIN
Tu as ta champignolle qui est tendue par un sous-tenseur à pression hydraulique...

SIM
Si une mouchotte de 12...

Jacques MARTIN
Mais non. Une mouchotte de 12, c'est sur un grafougnard à traboul!

SIM
Ah! oui. D'accord, je confonds...

Jacques MARTIN
Si tu veux parler mécanique!

Philippe BOUVARD
Ça s'appelle le « brémouzard »?

Jacques MARTIN
Oui, le b.r.é.m.o.u.z.a.r.d.

Philippe BOUVARD
Je vous le dis tout de suite, ce n'est pas un brémouzard.

Olivier DE KERSAUZON
C'est peut-être un brémouzard anglais?
Parce qu'il y a deux spatules coniques sur une gavenne et dès que la gavenne est en marche, elle remonte de l'éducranin, à ce moment-là on appuie sur les imports qui sont sur pelle et dès que la surpelle est établie on a une compression de zéro deux.

SIM
Ça remplace la glamiche molle, alors?

Jacques MARTIN
La glamiche molle, ça ne se fait plus. Ça a été remplacé par...

Olivier DE KERSAUZON
Sur le Moro 421 qui a été descendu par les Slovènes, c'est exactement le même modèle...

Jacques MARTIN
Oui. C'est exactement cela, seulement il y avait deux papillottes en plus.

Philippe BOUVARD
Elle va nous coûter mille balles, la glamiche! Ça ne vaut pas ça, hein!
Pierre Mac Orlan avait fait un voyage, pas très loin de Paris, ça devait être au Royaume-Uni...
Applaudissez M. Dérouète, d'Argenteuil.
Il a bien mérité ses mille francs. Surtout s'il est à l'antenne et s'il a eu la patience d'entendre toutes les billevesées échangées par les uns et les autres!
Ce que Pierre Mac Orlan a souhaité, par testament, que l'on mît avec lui dans son cercueil, c'était le ballon de rugby que lui avait offert l'équipe de France, après une très belle victoire à Cardiff.

III

Amabilités et coups de foudre

Philippe BOUVARD
Je ne vous ai jamais vue en jupe, Jane!

Jane BIRKIN
Tu te demandes pourquoi?

Philippe BOUVARD
Vous n'avez rien à cacher?

Jane BIRKIN
Non, non. Les jambes, ça va... Surtout une à une, parce que, ensemble, elles sont un peu arquées! Mais une à une elles sont très bien...

SIM
Non. Elles sont arquées dans le bon sens. Je les ai vues au cinéma.

Jane BIRKIN
Je ne peux pas les serrer du tout... Je ne les rejoins pas! Ça, tu peux chercher, tu ne trouveras pas cette construction ailleurs!...

Philippe BOUVARD
Comment vont vos amours, en ce moment, Jane?

Jane BIRKIN
Ça va. Ça va.

Philippe BOUVARD
Faites-vous toujours les sorties des hôpitaux?
Ce que j'aime chez Jane, c'est la petite sœur des malades. Les paumés, elle les adore!...
Elle est belle, hein!

Olivier DE KERSAUZON
Elle est bien plus que belle!

Jacques MARTIN
Elle est intelligente et, ça, ça n'a pas de prix!

Olivier DE KERSAUZON
C'est la seule gonzesse qui permette de se tirer sur l'élastique en réfléchissant... Parce qu'elle est belle et drôle!

Jane BIRKIN
Qu'est-ce qu'il veut dire par là?

Philippe BOUVARD
Tirer sur l'élastique, c'est évoquer quelqu'un pendant qu'il est ailleurs...
Mais j'use d'une périphrase, c'est simplement ce que les économistes appellent le circuit court... C'est-à-dire une affaire que l'on traite de la main à la main.

*

Olivier DE KERSAUZON
Moi, je me marre parce que je vous vois, Philippe. Quand je vous vois, ça me fait profondément marrer...

Philippe BOUVARD
Ah! c'est déjà quelque chose, vous rigolez et vous êtes payé en plus!

Olivier DE KERSAUZON
Par contre, quand je vous regarde, là, ça m'émeut.

Philippe BOUVARD
C'est tout?

Olivier DE KERSAUZON
Oui, parce que je perçois votre génie, je perçois tout ce qu'il y a de formidable chez vous, de fin, d'intelligent, de concentré, de travailleur, ce qui fait de vous l'être exceptionnel que nous chérissons, mon cher Philippe.

Philippe BOUVARD
Vous dites « nous chérissons », vous êtes plusieurs maintenant?

Olivier DE KERSAUZON
Oui. C'est le pluriel de majesté, il me plaît de l'employer parfois! Lorsque je traite des grandes choses...

Philippe BOUVARD
Ah! il sait parler aux hommes aussi, hein?

Marie-Christine BARRAULT
Peut-être même mieux. Il ne nous a jamais dit des choses comme ça.

Olivier DE KERSAUZON
Moi, les gonzesses, je ne leur parle pas. On ne parle pas avec son sandwich!

*

Olivier DE KERSAUZON (à *Philippe Bouvard*)
Je ne voudrais pas devenir vous!...

Philippe BOUVARD
Vous m'aviez dit que j'étais l'homme que vous rêviez d'être!

Olivier DE KERSAUZON
Eh bien, oui. Rêver... Mais c'est bien la séparation entre le rêve et la réalité!... Moi, devenir vous, ce serait une angoisse totale, parce qu'on ne devient jamais son modèle!...

*

Philippe BOUVARD
Vous appartenez à l'histoire de France, cher Léon.

Olivier DE KERSAUZON
Léon, n'oubliez pas, vous avez été l'un des premiers grands écrivains de l'audiovisuel, ne nous trompons pas, mon cher Léon!

Léon ZITRONE
Comment ai-je changé le rythme de la communication?

Olivier DE KERSAUZON
C'est-à-dire que, avant que vous veniez sur Terre et avant que vous ayez touché, et plus que touché d'ailleurs, perforé, établi, structuré, construit l'audiovisuel et amené par votre voix, votre image, chez des gens éloignés d'une certaine forme de communication et n'ayant pas obligatoirement la possibilité de lire, ni même de discuter avec autrui, vous

avez apporté dans ce monde de la parole et du langage, non seulement une parole mais l'Histoire.

S'il devait y avoir, aujourd'hui, un champion de l'audiovisuel, vous seriez celui-là pour moi. Et je dis cela sans flagornerie, cher Léon, croyez-le. Car je déplore qu'on ne parle que des écrivains et vous êtes pour moi, et je ne suis pas le seul, pour des millions de Français, de Belges, de Danois et même de Japonais de passage, vous êtes l'homme qui a apporté une nouvelle forme de communication, puisque vous avez été un des piliers de cet audiovisuel qui aujourd'hui, d'ailleurs, Léon, par ma bouche, vous remercie.

Léon Zitrone
Eh bien, cher ami, je vous remercie beaucoup pour cette homélie.

*

Philippe Bouvard
Pourquoi avez-vous appelé Linda de Suza Mlle Carton? Ah! A cause de son livre.

Olivier de Kersauzon
Ouais.

Philippe Castelli
La Valise, c'est un best-seller!... quatre cent mille...

Linda de Suza
Ah! Vous êtes au courant?

Philippe Bouvard
Plus de quatre cent mille... six cent mille... m'a dit l'éditeur, aujourd'hui.

Olivier DE KERSAUZON
Oh! la salope!...

Linda DE SUZA
Pardon? Qu'est-ce qu'il a dit?

Philippe BOUVARD
C'est un mot du terroir.

Charles LEVEL
C'est vendéen.

Olivier DE KERSAUZON
Non, c'est du breton, ça veut dire : pas mal...

Philippe BOUVARD
Ça veut dire que vous tirez beaucoup.

Linda DE SUZA
Tirez beaucoup quoi? Qu'est-ce que vous en savez?...

Charles LEVEL
Six cent mille exemplaires...

Olivier DE KERSAUZON
Si vous avez tiré six cent mille fois, bravo!

Linda DE SUZA
Non, non, non...

Olivier DE KERSAUZON
Sans qu'on ait changé une pièce, ni... Oh! là! là!

Charles LEVEL
C'est pire qu'une Peugeot!

Philippe Bouvard
Il faut dire à Linda que le français est une langue qui permet d'être gaulois! Evidemment, il y a des mots à double sens, à triple sens...
Et puis ces messieurs ne sont pas très sérieux.

Olivier de Kersauzon
Mais elle est belle, hein!
Vous savez qu'elle est quand même mieux que l'ensemble des gonzesses que vous nous amenez.

IV

Les aveux les moins doux

Nadine DE ROTHSCHILD
Parlez-moi d'Olivier de Kersauzon.

Philippe BOUVARD
Vous ne l'avez jamais rencontré?

Nadine DE ROTHSCHILD
Jamais. C'est un fantasme! Et un fantasme, il faut qu'il se réalise... Je veux quand même toucher cet homme...

Philippe BOUVARD
Je sais qu'on peut le toucher entre deux heures et quatre heures du matin... Je vous dirai où, d'ailleurs... Dans un endroit très précis!...
Que savez-vous de lui?

Nadine DE ROTHSCHILD
Mais rien, Philippe, et je veux tout savoir...

Philippe BOUVARD
Vous savez qu'il est profondément macho, phallo, miso...

Nadine DE ROTHSCHILD
Mais je n'aime que ça! Entre le baron et lui, je ne verrai pas de différence...

Philippe Bouvard
Il est vicomte de surcroît.

Nadine de Rothschild
On reste dans l'aristocratie. Pourquoi pas?
Dites-moi, comment est-il, cet homme?

Daniel Ceccaldi
Entre deux eaux souvent... Entre deux vins parfois!...

Philippe Bouvard
Il n'y a que ses cheveux qui soient argentés!

Nadine de Rothschild
Ah! Ça, Philippe, c'est gênant...

Philippe Castelli
Il possède une certaine classe...

Thierry Le Luron
Il a de beaux yeux bleus aussi...

Philippe Bouvard
Ah! oui... Il a des yeux dans lesquels on voit la mer... Comme s'il n'avait jamais le temps de s'essuyer après un naufrage...

Nadine de Rothschild
Est-ce qu'il a une femme dans sa vie?

Philippe Bouvard
Non. Il en a plusieurs... Ensuite, il disparaît, en disant qu'il va faire du bateau, mais ça ne trompe personne... C'est un improvisateur fabuleux!

Nadine DE ROTHSCHILD
Dans quel domaine?...

Thierry LE LURON
Il est B.C.B.G... Bon coup belle gueule...

Philippe CASTELLI
Je crois qu'il a un grand cœur!

Philippe BOUVARD
Ah! oui. Il vous l'a montré à la piscine?

Philippe CASTELLI
Si je comprends bien, vous souhaitez une nuit avec Kersauzon?

Nadine DE ROTHSCHILD
Voilà! Je n'osais pas le dire.

*

Philippe BOUVARD
Vous n'êtes pas tristes, qu'en dehors de votre serviteur il n'y ait pas de messieurs à cette table, non?

Darie BOUTBOUL
Moi, je suis triste!

Philippe BOUVARD
Pourquoi, qui est-ce qui vous manque? Zitrone?

Darie BOUTBOUL
Ah! non, non... Je le vois tous les dimanches aux courses... Moi, j'aime beaucoup Thierry Le Luron. Il me plaît énormément!

Philippe BOUVARD
Pourquoi, y a-t-il quelque chose entre vous?

Darie BOUTBOUL
Non. Mais je vous dis simplement qu'il me plaît beaucoup!

Philippe BOUVARD
Vous voulez dire que s'il vous faisait une proposition vous ne diriez pas non?

Darie BOUTBOUL
Pourquoi pas? Je trouve qu'il a beaucoup de charme...

Philippe BOUVARD
Ah! Il en a énormément, mais il ne vous fera aucune proposition!...

Darie BOUTBOUL
C'est pour ça que je peux le dire. Alors je continue... Jacques Chazot aussi, je l'aime beaucoup.

Philippe BOUVARD
Quel rapport, entre Chazot et Le Luron?...

Darie BOUTBOUL
Aucun autre que celui que vous faites!

Philippe BOUVARD
Je ne sais pas s'il y a des rapports entre eux!...

Darie BOUTBOUL
Bernard Tapie, je le trouve séduisant. C'est un battant dans la vie, il me plaît beaucoup.

Bernadette LAFFONT
Moi, j'avoue que j'ai un faible pour le navigateur!

Darie BOUTBOUL
Mais le navigateur, il est hors catégorie! Complètement hors catégorie... L'Amiral, c'est moins du domaine du rêve que les autres. Donc on en parle moins... Puisque c'est possible!

Bernadette LAFFONT
Voyons, des détails!

Darie BOUTBOUL
Thierry Le Luron, c'est impossible, donc je peux dire que je le trouve très sympathique! Castelli, Zitrone, tout ça...

Philippe BOUVARD
Oh! Zitrone, ce n'est pas impossible. Je l'ai vu vous regarder plusieurs fois!... Il vous ferait le commentaire, comme il sait le faire, en même temps pendant la course... Vous savez que Léon a été un superbe amant!

Darie BOUTBOUL
Ce n'est pas mon genre, il est trop vieux pour moi. Et puis... il me fait penser à un hippopotame!...

Philippe BOUVARD
Et Tapie? Vous...

Darie BOUTBOUL
Bernard Tapie, je le trouve assez séduisant...

Philippe BOUVARD
En plus, ça ne vous aurait pas changé de vos courses puisqu'il est très cavaleur!

Darie BOUTBOUL
Mais alors, l'Amiral, c'est hors catégorie!...

Philippe BOUVARD
Il s'est passé quelque chose entre vous et l'Amiral?

Darie BOUTBOUL
Non. Il ne s'est rien passé... Mais il aurait pu se passer quelque chose... Mais voilà... Il me plaît beaucoup!

Marion GAME
Moi, je suis très frustrée. Je ne vois pas de qui vous parlez?

Darie BOUTBOUL
D'Olivier de Kersauzon.

Marion GAME
Ah! C'est lui... Il est un peu mal élevé avec les dames!

Darie BOUTBOUL
Moi, j'adore ça!...

Bernadette LAFFONT
Il est très séduisant!

Marion GAME
Il faut être un peu maso, quand même!...

Philippe BOUVARD
Si vous aimez être traitée de morue, vous ne serez pas déçue!...

Darie BOUTBOUL
Je suis sûre qu'il a un autre côté grand tendre, romantique!...

Philippe Bouvard
Oui, mais nous, on le voit toujours habillé!

Darie Boutboul
Et moi, ça m'intéresserait de découvrir l'autre côté!

Je vous raconterai... Je vous tiendrai au courant... Je vais l'emmener aux courses à Longchamp...

*

Philippe Bouvard
Comment est habillé, sous son kilt, un Ecossais?

Jane Birkin
Il a une sorte de longue culotte en laine. D'ailleurs, je trouve ça beaucoup mieux. J'aime pas les petites culottes-slips. Ah! c'est horrible. Je préfère sans slip du tout dans les pantalons. Je trouve ça très mignon, tu trouves pas?

Moi, je suis contre le slip. Alors là, si je pouvais faire une déclaration contre le slip! Je trouve le slip le chose le plus immonde que j'aie jamais vue sur un homme; d'ailleurs, j'ai jamais su ce que c'était sur un homme, parce que j'ai toujours enlevé...

Je trouve ça très moche. Dans ses pantalons, c'est tellement plus mignon de flotter!

Il y a une vieille sorte de slip, un peu de l'armée, qui flotte beaucoup dans le vent. Ça, ça m'attire assez, avec une vieille élastique. J'aime que ça soit très vague.

Les slips des messieurs, ça laisse beaucoup à désirer. Il y a tout un travail à faire!

Philippe Bouvard
Voilà une belle expression, « Ça laisse à désirer ».

Nous l'acceptons comme un hommage!

V

Vie privée

Jacques VEISSID
L'autre jour, Nénette me dit :
— Ce soir, t'y coupes pas pour le devoir conjugal!

Philippe BOUVARD
Nénette est Mme Veissid. Enfin, celle qui en fait office.

Jacques VEISSID
Je lui dis :
— Nénette, je l'ai déjà fait il y a un mois!
— Tu te trompes, qu'elle me dit, ça fait trois mois.
Alors, elle me sort le calendrier et me dit :
— J'ai marqué, tu vois, ça fait trois mois!
Alors, je constate... Ça faisait bien trois mois!
Vous voyez, monsieur Bouvard, à mon âge c'est fini... la mémoire!...

*

Rika ZARAÏ
Je viens d'une famille très très pauvre et on m'achetait toujours des chaussures montantes. D'abord, c'était à mon frère et on les achetait toujours trop grandes... Une fois qu'il les avait

portées pendant deux années, c'était à mon tour pendant deux ou trois ans...

Et, jusqu'à l'âge de quatorze ans, à peu près, c'étaient toujours les chaussures montantes et marron avec des lacets! J'ai fini par en avoir horreur... Et un jour que je passais dans la rue principale de Jérusalem et j'ai dit à maman : « Achète-moi des chaussures pas montantes. »

Elle s'est dit : elle a quatorze ans, la gamine, il faut lui acheter quelque chose de joli. Elle m'a acheté des chaussures bleu foncé et au milieu il y avait un tout petit lacet rouge. Je les vois encore, mon Dieu, que j'ai aimé ces chaussures! C'était extraordinaire.

Alors, je les portais le matin, le midi, le soir... Je les cirais tous les matins pour qu'elles brillent bien. Et au bout d'un an ma mère me regarde, un jour que je partais à l'école, et me dit :

– Dis donc, toi, tes chaussures, elles ne sont pas un peu petites?

– Non, non, maman, pas du tout!

En effet, les chaussures étaient trop petites, mais pour tout l'or du monde je ne l'aurais pas dit.

Et après quelques semaines, ma mère a décidé (c'était la coutume en Israël quand les chaussures des gosses étaient trop petites, on allait chez le cordonnier et on coupait le bout, comme ça les gosses pouvaient continuer à utiliser les chaussures!) d'aller chez le cordonnier... Sans rien me dire, elle a fait couper le bout...

Philippe BOUVARD
... Je crois que c'est une tradition en Israël, ça, de toute façon!...

Rika ZARAÏ
Quand j'ai découvert ça, j'ai été déçue de la façon la plus triste... Et quand j'ai mis mes pieds là-

dedans, j'avais le gros orteil qui dépassait de deux centimètres!...

*

Sophie Desmarets
J'ai eu une aventure très intéressante, ça a l'air bête de dire cela, avec une jeune femme qui faisait le trottoir devant ma porte!

J'habite près de l'Etoile. Un soir, je rentrais du théâtre, d'une générale, j'avais des fleurs dans les bras, elle m'a aidée à pousser la porte. J'avais plein de fleurs, je lui ai dit :

– Tenez, voilà un petit bouquet!

Je ne savais pas qu'elle faisait le trottoir! Et puis on est devenues copines. Tous les soirs, elle était là, je rentrais à la même heure, elle me disait :

– Il y a eu du monde, chez vous?

Alors, je disais :

– Ça marche, et vous?

Philippe Bouvard
Vous lui disiez : On a fait le plein ce soir!...

Sophie Desmarets
On était devenues très amies! Elle s'appelait Dany. Je rentrais à la maison et je dis à mon mari :

– Tu sais, je suis très embêtée, Dany a froid, je vais lui ouvrir ma voiture!

Philippe Bouvard
Proxénétisme automobile!

Sophie Desmarets
Alors, je descendais, je lui ouvrais ma voiture en disant :

– Ecoutez, Dany, pas dans ma voiture... Mais enfin, comme ça, vous n'aurez pas froid...

Je lui donnais un petit thermos... On était très amies!

Et puis, un jour, je suis rentrée et je l'ai trouvée très triste, elle pleurait. Elle m'a dit :

— Voilà, on opère ma petite fille demain et je n'ai pas d'argent.

Je lui dis :

— Il vous faut combien?

— Trois cents francs.

Je lui dis :

— Je ne les ai pas sur moi, mais demain matin je les donnerai à la gardienne et vous viendrez les prendre.

Et puis, le lendemain, j'ai donné l'enveloppe à la gardienne et la gardienne m'a dit qu'une jeune femme était venue la prendre.

Et je n'ai plus revu Dany. Je me suis dit : j'ai perdu trois cents francs, ce n'est pas grave...

Et puis, le jour du 1er mai, je sors de ma voiture, j'entends des petits pas... Elle était là, avec une enveloppe, un gros bouquet de muguet... C'était la première fois qu'on me rendait de l'argent!

*

Jane BIRKIN

Ma mère, lorsqu'elle a commencé sur sa bicyclette, il y a bien longtemps, il n'y avait pas à cette époque-là sur les routes anglaises autant de voitures qu'aujourd'hui.

La première fois qu'elle a aperçu la ligne blanche au milieu de la route, elle a cru que c'était pour la bicyclette. Elle a mis sa bicyclette exactement sur la ligne blanche et puis, quand c'était déconnecté, quand elle a vu une ligne non continue, elle a soulevé sa bicyclette...

Philippe Bouvard
Elle suivait le pointillé... Elle a eu de la veine de pouvoir raconter son aventure!

Jane Birkin
Elle a dit que c'était périlleux et très fatigant, surtout dans les courbes!

*

Jane Birkin
J'ai eu un appareil pour les dents, pendant quinze ans. J'en avais un en haut, un en bas, deux élastiques qui rejoignaient les deux et en haut un élastique qui était relié sur ma tête, avec deux bouts de gomme de chaque côté pour ne pas creuser mes joues...
Je l'ai enlevé à la demande de mon premier mari. Il disait qu'il avait l'impression de dormir avec un cheval de course!...

*

Philippe Bouvard
De Mme Jacquou, de Vesoul.
Qui a dit : « L'amour d'une vierge est aussi assommant qu'un appartement neuf, il faut qu'on essuie les plâtres »?

Jane Birkin
C'est un homme?

Philippe Bouvard
Un homme, mort, grand humoriste français. Mort au début du siècle.

Daniel Ceccaldi
Francis Blanche?

Thierry Le Luron
Allais?

Philippe Bouvard
Dites-moi, je m'adresse aux messieurs. Est-ce que vous êtes d'accord sur cette boutade?

Thierry Le Luron
Ben, oui, on essuie les plâtres!

Jane Birkin
Qu'est-ce que ça veut dire : on essuie les plâtres?

Philippe Bouvard
Je crois que la virginité a perdu un peu de son prestige...

Thierry Le Luron
C'est de plus en plus rare surtout!

Jane Birkin
Pourquoi? Il faut bien commencer quelque part...

Philippe Bouvard
Vous connaissez la définition d'une vierge, aujourd'hui? C'est une petite fille de cinq ans très laide et qui court très vite.

Thierry Le Luron
Quelle horreur!

Jane Birkin
Le public est réticent, car c'est quand même touchant, les vierges!
Moi, j'étais la plus vieille vierge de Chelsea... A force de dire non à tout le monde... Oh! là, là! Ma

mère m'a dit que je ne devais pas, alors j'ai pas fait...

Thierry LE LURON
Alors, dis-nous, à quel âge?

Jane BIRKIN
Dix-huit...

Philippe BOUVARD
Les salauds! Ils se sont mis à dix-huit!...

Jane BIRKIN
Non. J'ai dit non à tout le monde mais un peu tardivement, quand même... Dès que les chaussettes tombaient... Non, c'est surtout le bruit des pompes. Quand tu entends les pompes qui tombent, les zip... Ah!!!

Daniel CECCALDI
Qu'est-ce que c'est, le bruit des pompes?

Philippe BOUVARD
Les chaussures qui tombent sur le parquet et qui établissent une certaine préméditation...

Jane BIRKIN
Quand le type arrête de jouer son guitare et qu'il met la radio, là, je me méfie... J'ai tout eu! J'ai tout fait au lit, j'ai bouffé des sandwiches, tout, tout... J'ai emmené tout parce que je pensais qu'on pouvait établir des relations « hors sexuelles », chaque fois j'étais déçue et je me disais : Ah! merde, lui aussi!... Et puis on ne trouve jamais le moment pour lui dire.

Daniel CECCALDI
Pour lui dire quoi?

Jane Birkin
Pour lui dire : « Non, arrête! » Mon père m'a dit que ça suffit d'avoir un sperme sur la jambe et ça sait grimper... Alors, j'ai vécu dans l'angoisse... J'avais une imagerie de cette chose-là... Je me sentais en péril!...

Olivier de Kersauzon
Il fallait garder tes bottes!

Jane Birkin
J'ai toujours couru et puis...

Daniel Ceccaldi
Même à cinq ans?

Philippe Bouvard
Mais plus vite que la petite bête?

Jane Birkin
Oui. Enfin on ne va pas rentrer dans les détails!...

Philippe Bouvard
Qu'est-ce qui s'est passé la première fois? Dites, on vous aime trop pour mourir dans l'ignorance.

Jane Birkin
La première fois, il m'a demandée en mariage. Alors, j'ai pensé que c'était suffisant et que je pouvais y aller... J'avais dix-huit ans!

Thierry Le Luron
Il t'a dit : « Mais la bague sera trop petite pour ton doigt! »

Jane Birkin
Non. Je l'ai marié, celui-là. Il a tenu sa promesse.

Thierry LE LURON
Tu t'es mariée combien de fois?

Jane BIRKIN
Une fois, celui-là... J'ai eu le bébé très vite!
Non... J'étais très vieille!

Thierry LE LURON
Dix-huit balais, ce n'est pas tellement vieille pour perdre sa virginité!

Jane BIRKIN
Non. Mais j'ai trouvé qu'on avait fait une telle histoire là-dessus que quand ça s'est passé j'ai dit : Ah! bon! C'est ça...

Thierry LE LURON
On n'a pas voulu t'engager dans une comédie musicale, après? « Po-Paul et virginité »...

Jane BIRKIN
Non. Mais je n'ai rien vu et ma mère m'a dit : « Tu as peut-être perdu ça sur ta bicyclette!... »
Alors, j'ai dit : « Si en plus j'ai perdu ça sur ma bicyclette, oh! la vache!... »

Philippe BOUVARD
Comment s'appelle-t-il ton amant?

Thierry LE LURON et Daniel CECCALDI (*en chœur*)
Manufrance, Peugeot!...

*

Jane BIRKIN
Et toi, c'était à quel âge, Philippe?

Philippe BOUVARD
C'était à quinze ans.

Jane BIRKIN
Quinze ans! Tu étais précoce. C'était une fille...

Philippe BOUVARD
C'était une fille.

Jane BIRKIN
C'était une fille de ton âge ou elle était plus âgée?

Philippe BOUVARD
Elle avait dix ans de plus.

Thierry LE LURON
C'était une amie de votre maman?

Philippe BOUVARD
Non.

Jane BIRKIN
C'était bien?

Philippe BOUVARD
C'était ce qu'on n'appelait pas encore une employée de maison... Ça s'est très bien passé, on a été très heureux et on n'a pas eu d'enfant!... Et vous, Le Luron?

Thierry LE LURON
J'avais quatorze ans...

Jane BIRKIN
Quatorze! C'est encore plus tôt, je n'ose penser à Ceccaldi... Et le capitaine, alors!...

Thierry Le Luron
Dans une cave.

Jane Birkin
Et toi, Ceccaldi?

Daniel Ceccaldi
Moi, ça s'est passé normalement. J'avais dix-sept ans, dix-sept ans et demi, j'étais très sérieux. C'était très charmant... Je ne dis pas que c'était extraordinairement technique, mais enfin...

Philippe Bouvard
Et vous, Amiral?

Olivier de Kersauzon
Moi, j'espère que ça va m'arriver bientôt!

*

Philippe Bouvard
Vous avez été mariée combien de fois, Gloria Lasso? Où en êtes-vous, aujourd'hui?

Gloria Lasso
J'ai été mariée sept fois. Mais c'est toujours le même...

Sim
C'est le beau jeune homme qui était en régie, qui a plus de cheveux que moi?

Philippe Bouvard
Il paraît qu'il joue merveilleusement d'un instrument, mais je ne sais pas lequel!

Gloria Lasso
Ça dépend!

Philippe BOUVARD
Ça dépend de quoi?

Gloria LASSO
Ça dépend de la situation... Il joue de la trompette.

Jacques MARTIN
Question indiscrète, chère Gloria, a-t-il un bel instrument?

Gloria LASSO
Oh! oui...

SIM
Tu es une femme heureuse. Heureuse « elle l'est, Gloria »...

Jacques MARTIN
Qu'est-ce qu'on a dû vous le dire, hein!
Au bout de sept maris, quel est votre sentiment sur les hommes?

Philippe BOUVARD
A votre avis, est-ce que ça vaut vraiment le coup?

SIM
Qu'est-ce que vous entendez par « le coup »?

Gloria LASSO
Pas toujours, pas toujours...

Jacques MARTIN
Sept maris... Quand même, on doit avoir une opinion sur la gent masculine!

Philippe Bouvard
Vous ne vous trompez jamais dans les prénoms ?
Est-ce que, quand vous vous réveillez le matin, vous
savez qui est à côté de vous exactement ?

Gloria Lasso
Oui. Je ne suis pas idiote, je ne dis pas de prénom,
je les appelle tous « chéri »!

Philippe Bouvard
En les numérotant comme les rois ? Chéri Ier,
Chéri II, Chéri III...

*

Philippe Bouvard
De Mme Leroyer, de Tours.
Quelle est la particularité sexuelle de l'éléphant
qui lui permet de ne pas faire s'écrouler sa femelle
sous son poids ?

Gloria Lasso
J'ai jamais vu ça !

Philippe Bouvard
Vous avez déjà vu Zitrone ?

Gloria Lasso
Quoi ?

Philippe Bouvard
Léon Zitrone, vous connaissez ?

Gloria Lasso
Oui...

Philippe Bouvard
Bon, ben, c'est pareil.

Jacques MARTIN
Est-ce que la femelle ne creuse pas une espèce de fosse pour arriver à la hauteur?

SIM
Comme les garagistes pour la vidange!

Philippe BOUVARD
Vidange, graissage...

Jacques MARTIN
Est-ce que l'éléphant n'irait pas cueillir la petite graine avec sa trompe?

SIM
Comme moi?

Jacques MARTIN
Si tu arrives à faire ça, alors, je t'engage chez Pinder!

Philippe BOUVARD
Le sexe de l'éléphant n'est pas comme le sexe de tout le monde.

Jacques MARTIN
Non, et vous semblez le regretter!...

Philippe BOUVARD
Il y a une nécessité de va-et-vient, je ne sais pas si je me fais bien comprendre..., qui s'accommode mal avec cette énorme anatomie.

Jacques MARTIN
Ils attendent un tremblement de terre pour que ça remue.

Sim
Non. Son sexe est monté sur une sorte de roulement à billes, lui ne bouge pas, et c'est le sexe qui va et vient...

Philippe Bouvard
Exactement. Il a un sexe mobile, rotatif. C'est une excellente réponse de Sim.

Sim
Le veinard!

Philippe Bouvard
Vous n'avez jamais trouvé ça chez vos maris, Gloria Lasso?

Gloria Lasso
Non, non, non. J'en ai eu d'assez fantaisistes, mais enfin...

Philippe Bouvard
Ah! quand même!

Gloria Lasso
Oui. J'avais un mari qui se jetait du haut du placard!

Philippe Bouvard
Ah! c'est amusant ça!

Gloria Lasso
C'est très amusant. Un jour, j'ai enlevé le lit et il s'est cassé la gueule!...

*

Philippe Bouvard
De M. Rix Mublax, de Bruxelles.

Qui a dit : « Le tango, je me demande pourquoi ça se danse debout »?

Rika Zaraï
Sacha Guitry, non?

Philippe Bouvard
C'est Sacha Guitry. Bonne réponse de Rika Zaraï.

Rika Zaraï
C'est beau, c'est magnifique, le tango. Ça dépend si on le fait très saccadé ou si on le fait très langoureux.

Philippe Bouvard
Je crois qu'au début c'est très langoureux et que ça devient très saccadé vers la fin...

Rika Zaraï
On ne parle pas de la même chose, enfin, d'accord!

Alice Sapritch
Moi, je n'aime aucune danse, sauf quand c'est l'antichambre de mon lit...

*

Philippe Bouvard
(parlant d'Olivier de Kersauzon et de Gérard Jugnot qui imitent le bruit d'une sirène d'alarme)
Il faut dire qu'ils ont la nostalgie de l'Occupation.

Gérard Jugnot
Pas du tout. C'est des sirènes, les sirènes c'est des trucs qui se déclenchent dans les magasins qu'on cambriole...

Stéphane COLLARO
Hier soir, en sortant du restaurant, il m'est arrivé un truc terrible. J'ai pissé sur une vitrine et ça s'est déclenché!

Philippe BOUVARD
Vous parlez de quoi, de vous ou de la vitrine?

Stéphane COLLARO
Non, non, non... C'est de la vitrine! Je peux vous dire que ça fait un drôle d'effet.

Olivier DE KERSAUZON
Ne fais pas ça, parce qu'il y a des sirènes où tu prends du jus! Tu te retrouves avec le sexe comme une merguez...

*

Darie BOUTBOUL (*s'adressant à Alice Sapritch*)
Alice, arrêtez de me traiter de cochonne. Je ne vois pas ce que j'ai de cochon! Comment pouvez-vous savoir, ça veut dire quoi, être cochonne?

Alice SAPRITCH
Philippe le sait.

Rika ZARAÏ
Philippe, expliquez-nous, vous qui savez tout.

Philippe BOUVARD
Je ne sais pas, mesdames! Je ne connais ni vos habitudes, ni vos fréquentations, ni vos fantasmes, et je le déplore d'ailleurs...

Darie BOUTBOUL
C'est vrai, ça. Nous, on connaît les vôtres. Tout le

monde connaît les fantasmes de Philippe : les gros seins!

Philippe BOUVARD
Mais pas du tout... Mais absolument pas. Je n'ai pas le complexe mammaire du tout... Mais qu'est-ce que c'est que cette histoire?

Rika ZARAÏ
Ah! mais je suis vexée, Philippe!

Philippe BOUVARD
Ah! pardon, je n'ai pas voulu vous faire de peine. C'est vrai que là vous battez Darie Boutboul de trois poitrines au moins!
Je n'ai pas du tout le complexe mammaire, mais je respecte les hommes qui l'ont. C'est bien, c'est une plongée dans la petite enfance...

Rika ZARAÏ
Vous préférez les « filles planches », quoi!

Philippe BOUVARD
Ah! non... Encore que...
Encore que Birkin soit très intéressante, hein?

Alice SAPRITCH
Vous êtes plusieurs sur elle.

Rika ZARAÏ
Ce ne serait pas le côté « garçon », alors?

Alice SAPRITCH
Tous les hommes sont sur Birkin, j'ai remarqué ça... Tous ont des yeux comme ça!
Ils sont tous pédés, les hommes... A soixante-quinze pour cent, les hommes...

Rika Zaraï
On voit une fille et finalement on pense à un garçon!

Philippe Bouvard
A quoi attribuez-vous cette homosexualité masculine croissante?

Alice Sapritch
Aux footballeurs! Regardez ce qu'ils font sur le stade. Ils se font des trucs... Ils s'embrassent...

Sophie Desmarets
Ils s'embrassent parce qu'ils sont contents!

Alice Sapritch
Dans les mêlées, je me dis : Mais qu'est-ce qu'ils font? Qu'est-ce qu'il y a en dessous?
C'est fou! Il n'y a pas un lieu plus homosexuel qu'un stade!...

Philippe Bouvard
Alice, c'est de la fraternité, ça!

Alice Sapritch
Ah! non. Ils s'embrassent...

Philippe Bouvard
La mêlée du rugby, qu'est-ce qu'il y a en dessous?

Darie Boutboul
Qu'est-ce qu'il y a en dessous? On ne le sait pas non plus.

Alice Sapritch
Platini me plaît beaucoup.

Philippe BOUVARD
Aimez-vous les culottes courtes pour les hommes?

Alice SAPRITCH
Ça dépend de ce qu'il y a dedans!

Rika ZARAÏ
Ce n'est pas mon type d'homme.

Alice SAPRITCH
Il y en a un qui me plaît aussi, c'est Prost. Je n'aime que les gagneurs.

Philippe BOUVARD
C'est un coureur, méfiez-vous!

Rika ZARAÏ
J'ai l'impression qu'avec Alice on pourrait cohabiter bien ensemle, car ce que vous aimez je ne l'aime pas exactement... Pour moi, il faut qu'il se passe quelque chose dans le regard, et alors, là, tout est possible!

Philippe BOUVARD
Si tout se passait dans le regard, on ne serait pas cinquante-six millions en France aujourd'hui!...

Rika ZARAÏ
Pour le départ. J'ai bien dit pour le départ, mais après...

Philippe BOUVARD
Après, on ferme les yeux!

Rika ZARAÏ
Après, on fait un tango, on mange des épinards crus et puis on prend une salade bien aphrodisiaque...

Darie BOUTBOUL
C'est un marathon!

Rika ZARAÏ
Et après... Hou!!!

Sophie DESMARETS
Le derrière dans l'eau froide... Ça finira toujours par le derrière dans l'eau froide, quoi qu'il arrive!...

Philippe BOUVARD
Quel est votre type d'homme à vous, Rika?

Rika ZARAÏ
Le regard. A partir de là, tout est possible.

Darie BOUTBOUL
Moi, ça ne me suffit pas!

Alice SAPRITCH
Regardez-moi, Philippe?

Darie BOUTBOUL
Moi, il me faut de belles chaussettes.

Philippe BOUVARD
Vos ambitions ne se situent pas à la même hauteur!

Je me sers de ces entretiens féminins pour esquisser une espèce de portrait-robot de l'homme idéal, avec les composantes déterminées par chacune d'entre vous pour savoir ce qui, dans un homme, est important ou non.

Donc : un regard pour Rika, des chaussettes pour Darie et pour vous, Alice?

Alice SAPRITCH
L'intelligence.

Philippe BOUVARD
Et après?

Alice SAPRITCH
L'intelligence sûrement...
Et après, tout le reste!

Rika ZARAÏ
Sophie, et vous?

Sophie DESMARETS
Moi? Oh! moi, je n'ai pas d'idée fixe. Ça me plaît, ça ne me plaît pas... Il y a des moches séduisants, il y a des beaux affreux.

Darie BOUTBOUL
Ça, c'est vrai. Souvent ça plaît avant et après moins ou l'inverse!

Philippe BOUVARD
Vous, vous êtes un peu cyclothymique, vous vous enflammez très vite, non? Vous m'avez parlé, l'autre jour, d'un chanteur canadien... Je suis sûr que vous ne vous en souvenez plus.

Darie BOUTBOUL
Daniel Lavoie? Mais je l'aime toujours. Depuis notre émission, son producteur m'a envoyé un poster de lui.

Sophie DESMARETS
Ah! ben! Ça vous fait une belle jambe!

Alice SAPRITCH
Qu'est-ce qu'on fait avec un poster? Rien.

Rika ZARAÏ
Immédiatement pratique, Alice!

Alice SAPRITCH
Mais avec un poster, moi, je ne fais rien!

Sophie DESMARETS
Toi, tu fais ça avec un postérieur!

Rika ZARAÏ
Vous seriez étonnée de savoir tout ce qu'on peut faire avec un poster. Il y a des millions d'hommes et de femmes qui font plein de choses avec un poster.

Alice SAPRITCH
Ah! oui. Mais alors ça, c'est affreux, affreux...

Philippe BOUVARD
Qu'est-ce qu'on fait avec des posters?

Darie BOUTBOUL
Vous savez, pour l'insémination artificielle... Justement on leur donne des posters.

Rika ZARAÏ
Aux chevaux?

Darie BOUTBOUL
Aux donneurs... Dans les hôpitaux... On leur donne des posters pour que ça marche.

Philippe BOUVARD
Des posters d'actrices connues, parfois...

*

Alice SAPRITCH
Moi, je trouve que Rika Zaraï, le derrière dans l'eau froide et les épinards crus, ça la rend intelligente!

Rika ZARAÏ
Alice, vous voulez savoir comment se rendre intelligent?

Sophie DESMARETS
Moi, j'écoute.

Rika ZARAÏ
Philippe, écoutez ça bien, parce que...

Philippe BOUVARD
... Oui, j'en manque...

Rika ZARAÏ
Non. Parce que vous l'avez, il ne faut surtout pas en perdre.
Alors, il faut faire la chandelle, ça veut dire se mettre à l'envers, respirer profondément pendant cinq à six minutes et après boire du thym. On a des idées claires, même à six heures du matin. On peut recommencer à travailler...

Sophie DESMARETS
Allez! Tous en chandelle!

Rika ZARAÏ
Ça veut dire qu'on se met sur l'arrière de la tête, la nuque et les épaules, qu'on lève les jambes et qu'on respire très tranquillement en décontractant la glotte et les jambes...

Sophie Desmarets
Moi, je le fais très souvent, mais ça ne me rend pas plus maligne pour ça!

Rika Zaraï
Alors, c'est que vous ne respirez pas assez. Il faut oxygéner les cellules grises, parce que le cerveau est le plus grand consommateur d'oxygène de notre corps. Le sang arrive, sous légère pression, vers le cerveau...

Philippe Bouvard
Mais ne risquez-vous pas d'être étouffée à ce moment-là, car vous avez la jupe qui vous tombe sur le visage?

Rika Zaraï
Mais, là, on est carrément déshabillé, Philippe!

Philippe Bouvard
Ah! On ne peut pas faire cela au bureau. En tout cas, je me souviendrai que les jambes en l'air ça active...

Alice Sapritch
Il ne faut pas confondre avec une partie de jambes en l'air!

Philippe Bouvard
Je ne sais pas si, au contraire, ça n'affaiblit pas le cerveau!

Rika Zaraï
Il y a certaines sectes, en Inde, où l'on ne fait rien pour ne pas perdre de son énergie vitale.

Alice SAPRITCH
Ah! moi, j'ai des amis qui font ça, mais à Paris.

Philippe BOUVARD
Qui font quoi, à Paris?

Alice SAPRITCH
Qui ne font rien...

Rika ZARAÏ
Il y a beaucoup de regrets dans votre voix, Alice!

*

Jean YANNE
Il ne faut pas avoir un respect excessif pour les députés...

Philippe BOUVARD *(parlant de Kersauzon)*
Vous savez que vous parlez à un conseiller du président de la République! C'est son conseiller en matière de sponsoring nautique.

Patrick SÉBASTIEN
(imitant la voix de François Mitterrand)
Dans chaque naufrage, il faut un spécialiste!

Olivier DE KERSAUZON
J' sais pas si c'est très marrant, ça...

Philippe BOUVARD
Il paraît que la fascination du pouvoir sur les dames, ça existe. Vous n'êtes pas fascinée par le pouvoir, Darie Boutboul?

Darie BOUTBOUL
On est toujours fasciné par le pouvoir tout court.

Philippe BOUVARD
Pouvoir flirter dans une voiture à cocarde!

Olivier DE KERSAUZON
Prendre un coquart dans une voiture à flirt!...

Philippe BOUVARD
Quel est votre homme politique favori?

Darie BOUTBOUL
Physiquement?

Philippe BOUVARD
Oui. Ben, moralement... Même s'ils ne sont pas très moraux!

Darie BOUTBOUL
Moi, je les trouve un peu vieux.

Olivier DE KERSAUZON
En plus, avec la tronche qu'elle a, elle voudrait des jeunes!

Philippe BOUVARD
Fabius?

Darie BOUTBOUL
Fabius, il n'a pas trop de cheveux!

Philippe BOUVARD
Baudis?

Darie BOUTBOUL
Ah! Baudis, il n'est pas mal... Oui, oui.

Philippe BOUVARD
Léotard?

Darie Boutboul
Je n'aime pas.

Olivier de Kersauzon
Il est coureur, il faut se méfier!...

Patrick Sébastien
Hernu?

Darie Boutboul
Ah! non. Je n'aime pas, avec sa barbe et tout, non...

Philippe Bouvard
Ce n'est pas gentil pour Jean Yanne!

Darie Boutboul
Mais non. Ce n'est pas ça... Les cheveux en brosse... C'est trop d'un coup!

Jean Yanne
A la Défense nationale, il faut bien qu'il soit un peu militaire!

Philippe Bouvard
Chaban, il est bien?

Darie Boutboul
Ce n'est pas du tout mon type.

Jean Yanne
Et Louis XV, non, il ne vous plaît pas?
Il y a Marchais... Pas pour le physique..., mais, Marchais, il est rigolo!

Darie Boutboul
Non, non. Depuis le Muppet's Show!
Il y a Chirac qui n'est pas mal physiquement.

Patrick SEBASTIEN
Et Le Pen? Ça doit être bien.

Darie BOUTBOUL
Il a les cheveux teints, il n'est pas beau. Le Pen, avec...

Jean YANNE
... Son bandeau, sa jambe de bois...

Philippe BOUVARD
Il vous fait le coup du corsaire...
Et Toubon?

Darie BOUTBOUL
Il est un peu gros. Il a l'air d'un petit cochon de Walt Disney! Tout rose... Ah! non...

Patrick SÉBASTIEN
Et Labbé?

Darie BOUTBOUL
Ah! Non, lui, le pauvre, il est bien brave...

Patrick SÉBASTIEN
Qu'est-ce qu'ils prennent!

Philippe BOUVARD
Et Giscard?

Darie BOUTBOUL
Non, il est trop grand pour moi!

Olivier DE KERSAUZON
Tu montes sur ton chien, tu lui arrives à la taille.

Philippe BOUVARD
Il y a Juquin qui n'est pas mal!

Jean YANNE
Krasucki!

Darie BOUTBOUL
Oh! ben, non.

Jean YANNE
Ah! si, alors. Si j'étais une gonzesse, comme un pot de cerises... Alors... Oh! la vache...

*

Thierry LE LURON
(*imitant Serge Gainsbourg*)
Je suis venu te dire que j' sens mauvais.

Jane BIRKIN
Oh! Il ne sent pas mauvais. Il est le seul type qui se lave pas qui pue pas. Il pue pas, non... C'est remarquable, c'est un délice! Il lave des petits bouts de temps en temps, il a peur de la grande inondation.

Philippe BOUVARD
Vous ne pensez pas qu'il se lave clandestinement?

Jane BIRKIN
Je le soupçonne.

*

SIM
Moi, j'ai connu une femme qui m'appelait Monsieur Sim... pendant... Ah! monsieur Sim... Oh! oui, monsieur Sim...

J'ai dit : – Appelez-moi Simon.
– Je ne pourrai jamais, je ne vous connais pas assez!

Daniel Ceccaldi
Tristan Bernard disait : « En cas de panne du monsieur..., il y a trois genres de bonnes femmes. Il y a les idiotes qui rient, les sentimentales qui pleurent et puis il y a les travailleuses. »

Philippe Bouvard
Dans le fond, ce qui donne sa vraie dimension aux amours humaines, c'est la parole. C'est ça qui nous différencie des animaux, outre le fait que nous le faisons en toutes saisons...

Olivier de Kersauzon
Oui, mais, les animaux, ils ont un avantage, ils n'ont pas besoin de parler avant.
J'ai jamais vu un taureau arriver en disant à la vache : « T'habites chez tes parents? » Le taureau, il arrive, il lui renifle le croupion et il lui grimpe dessus et il s'en va... Et c'est rare qu'il paie! Ça fait quand même bien des avantages...

Sophie Desmarets
Moi, j'ai deux chats : d'Artagnan et Cosette.
D'Artagnan est castré, Cosette est aussi... bon... C'est pour vous dire que, les chats, c'est très curieux, à heure fixe tous les jours, d'Artagnan qui est castré saute Cosette...

Olivier de Kersauzon
C'est la cérémonie du souvenir!
C'est beau, la littérature, d'Artagnan qui grimpe Cosette à trois heures...

*

Gérard Jugnot
Alice, imaginez que je suis Patrick Sabatier, c'est le jeu de la vérité!
– Vous avez perdu votre vertu à quel âge?

Jacques Martin
Vous avez droit à un joker, c'est Bouvard!...

Philippe Bouvard
Le premier, comment était-il, vous en souvenez-vous?

Alice Sapritch
Ce n'était pas vous! Bon, c'est fini vos bêtises?

Gérard Jugnot
Il n'y a pas que nous que ça intéresse! Les auditeurs, ils aiment beaucoup les magazines historiques et tout ça!...
Alain Decaux raconte...

Alice Sapritch
Taisez-vous, Jugnot! Allez faire un peu de camping et foutez-nous la paix.

Philippe Bouvard
Elle vous traite de « tente »!...

*

Philippe Bouvard
Je vous présente la dernière recrue des théâtres parisiens et du cinéma international, un garçon qui pourrait faire une très belle carrière... Sûrement, il en a le caractère, le physique. Mais, comme il n'a besoin de personne pour faire ses textes, il aura

peut-être du mal à jouer celui des autres! Peut-être écrira-t-il des scénarios...

                Olivier DE KERSAUZON
C'est ce que je fais, j'en écris un en ce moment...

                Philippe BOUVARD
Olivier de Kersauzon.
On peut savoir ce que vous écrivez?

                Olivier DE KERSAUZON
Je travaille avec Charlotte de Turckheim.

                Philippe BOUVARD
Ah! Elle est charmante...

                Olivier DE KERSAUZON
Elle est enceinte jusqu'aux oreilles! Alors, comme charmante!...

                Philippe BOUVARD
Au moins, vous n'avez pas de tentation!

                Olivier DE KERSAUZON
Ah! non. De ce côté-là, non.
Elle est sympa, c'est marrant d'écrire avec elle. Elle a des idées, elle n'a pas de pétrole, mais elle a des idées!

                Philippe BOUVARD
Et vous avez « accouché » de quoi? Enfin, je parle du scénario!

                Olivier DE KERSAUZON
Je ne peux pas en parler encore, mais c'est assez marrant. Ça me fait même marrer, moi, et j'ai beaucoup de mal à me marrer!

Philippe BOUVARD
Etes-vous bon public avec vous, Olivier de Kersauzon ?

Olivier DE KERSAUZON
Pas du tout. Vous savez, quand on se lève chaque matin dans la petite aube grise, comme moi, qu'on prend sa bicyclette, sur les chemins cailloteux, pour quitter une fermette en longeant une cour d'usine, tandis que je traverse des endroits où il n'y a même pas de caniveau, j'éclabousse mon pantalon de coutil bleu, avant de rejoindre un autocar qui me dépose à un train de banlieue qui lui-même me dépose à une autre gare qui me permet d'accéder, après huit kilomètres de marche, à un métropolitain qui me permet par la suite, après dix-sept stations, de changer de ligne pour avoir une autre ligne qui me permet de reprendre un train de banlieue qui ne va nulle part, là, je fais de l'auto-stop une heure, j'arrive à mon bureau...
C'est pour ça que je n'y vais jamais !...

VI

Mufleries

Olivier DE KERSAUZON
Vous avez vu la tronche de Boutboul quand on parle de cochonneries, on dirait un flipper tellement elle s'allume!...

Philippe BOUVARD
Vous faites des parties gratuites?

*

Thierry LE LURON
Françoise Fabius a dit dans le journal *Elle* :
— Mon mari est sexy même en chaussettes!
D'ici que le prochain mouflet s'appelle « Kindy », il n'y a pas loin!...

*

Thierry LE LURON
C'est Yvette Roudy qui a lancé la campagne pour l'égalité des sexes. Elle veut l'égalité des sexes...
Elle a dit :
— Je veux l'égalité des sexes, et, en tant que ministre, je prendrai moi-même les mesures!...

*

Bernard TAPIE
Je ferais n'importe quoi pour Castelli... J'ai toujours été spécialisé dans les affaires en difficulté!

*

Gloria LASSO
Qui est-ce, Mourousi?

Macha MERIL
Ça, c'est vraiment la question du siècle!

Philippe BOUVARD
C'est le partenaire de Mitterrand!

Thierry LE LURON
Comme Poiret et Serrault!

Philippe BOUVARD
Ils font des sketches, ensemble, le dimanche...

*

Macha MERIL
C'est sympa de rouler en belle voiture, avec une cocarde! Vous avez déjà roulé avec des motards devant, Thierry?

Philippe BOUVARD
Oh! oui. A la Bastille, le vendredi!

Thierry LE LURON
Il faut plutôt demander ça à Mourousi!

Philippe BOUVARD
Là, ils ne sont pas toujours devant!...
Excusez-moi, ça m'a échappé! Mais, vous savez, je ne suis pas méchant!

*

SIM
Ker, ça veut dire quoi?

Charles LEVEL
Ker veut dire maison, en breton, et par extension domaine.

Philippe BOUVARD
Kersauzon, alors, ça veut dire quoi?

Charles LEVEL
Sauzon, c'est le nom.

SIM
Il y a un pays « Sauzon »?

Philippe BOUVARD
C'est Suzon, je crois, à l'origine...

Gérard JUGNOT
Non. C'est autre chose...

Philippe BOUVARD
C'est Suçon, peut-être?...
C'étaient les Kersuçon, au départ...

Gérard JUGNOT
En fait, c'étaient les Pantouflard, leur vrai nom de famille. Les Chausson de la Maison... Et puis il y a eu une traduction par extension...

Philippe BOUVARD
La généalogie, c'est passionnant!

Gérard JUGNOT
Et Bouvard, ça vient d'où?

Philippe BOUVARD
Oh! ça vient de Savoie... Bouvier... Les gens qui gardent les animaux, quoi! D'ailleurs, je continue!

*

Philippe CASTELLI
Vous allez dans les musées?

Olivier DE KERSAUZON
Pour draguer...

Philippe BOUVARD
Comment ça marche?

Olivier DE KERSAUZON
C'est bonnard, les musées. Il faut repérer l'étrangère paumée avec le livre à la main... Après, il n'y a plus qu'à y aller au baratin.
Le tout, c'est de repérer sa langue, ce qui est facile... Si le petit livre est écrit en allemand, il ne faut pas l'aborder en espagnol!...
Le musée est une bonne combine...

Philippe BOUVARD
Quelle est votre tactique, à partir du moment où vous avez repéré la langue?

Olivier DE KERSAUZON
Je m'approche et je dis dans la langue de la jeune femme :
— Je connais fort bien cet endroit, si je puis vous

être utile à quelque chose, je suis à votre disposition!...

Moyennant quoi, levant ses yeux du livre qui la préoccupe, son regard se pose sur le mien, là, elle est émue, bon, bref...

Philippe Bouvard
Oui. Surtout qu'elle aime les vieux tableaux... Puisqu'elle est dans un musée!

Olivier de Kersauzon
Et, là, je lui propose de la guider... En général vers onze heures, onze heures trente, comme ça, je n'aurai pas à la guider trop longtemps, j'aurai le temps de prendre assez de recul, de parler avec elle et si... je la rate, je peux en faire une autre avant d'aller bouffer seul.

L'ennui, c'est que c'est pas toujours des premiers lots, parce qu'une gonzesse qui est en « vacances »... C'est qu'elle n'a pas trouvé de mec pour rester avec...

*

Jane Birkin
J'ai un genou cassé... Ce doigt-là, j'ai un trou dedans... Il y a deux jours, j'ai essayé d'ouvrir une noix avec un couteau dans la petite fente et vlan!... Tu vois, je me suis poignardée aussi...

Olivier de Kersauzon
Moi, je t'offre un Moulinex pour Noël... Si tu veux! Tu vas pouvoir te terminer, tranquille...

Jane Birkin
Oh! j'agonise. Tout de même, le type, il vient de me recousu tout cru! J'ai jamais eu ça, deux points de suture dans le coude...

Sim
T'es tombée sur quoi?

Jane Birkin
Sur une poubelle.

Sim
Sur Castelli?

Jane Birkin
Je tenais le bébé, j'entre à la maison... Je courais pour être à l'heure... Eblouie par les lumières, j'ouvre ma porte... Une poubelle que je n'ai pas vue... J'ai eu peur de facturer la tête de la petite...

Philippe Bouvard
Pas facturer mais fracturer... Vous n'allez pas vendre votre bébé!

Jane Birkin
Alors, j'ai tombé et je lui ai défendu avec le coude! Ça saignait...

Olivier de Kersauzon
C'est une fille?

Jane Birkin
Oui.

Olivier de Kersauzon
Tu serais tombée, elle n'aurait eu ni queue ni tête!...

*

Philippe Bouvard
Monsieur Castelli, vous voulez faire le jeu de la vérité avec nous? Avec qui vivez-vous?

Philippe CASTELLI
Avec une compagne très gentille.

Gérard JUGNOT (*chantant*)
Mon Pinocchio...
Il a le nez qui s'allonge...
Quand tu nous dis des mensonges...
Ah! Pinocchio...

Philippe BOUVARD
Qu'est-ce qu'elle faisait avant de vous connaître?
Elle pointait dans quel bureau de chômage?

Philippe CASTELLI
Non... Elle travaillait dans une boîte de pub...

André GAILLARD
De putes?...

Philippe CASTELLI
De pub, oh!...

Philippe BOUVARD
Décrivez-la!

Philippe CASTELLI
Elle est châtain... Elle est très bien roulée...

Philippe BOUVARD
Elle a combien de jambes?...

Gérard JUGNOT
Attendez que je réfléchisse!...

Philippe BOUVARD
La poitrine est normale?

Gérard Jugnot
... Etat de la carrosserie? Elle est cotée combien à l'argus?...

Philippe Bouvard
Elle a un rodage de soupapes?...

André Gaillard
Elle a combien d'heures de vol?

Philippe Bouvard
Le visage ressemble à quoi?

André Gaillard
Au sien!...

Philippe Castelli
Oh! elle n'est pas jolie, jolie...

André Gaillard
C'est ce que je viens de dire. Alors, ce n'est pas la peine de répéter.

Philippe Bouvard
Elle a un grand nez?

Philippe Castelli
Non. Elle a un petit nez en trompette...

Gérard Jugnot (*à mi-voix*)
Tu ne vis pas avec Linda de Suza?...

Philippe Bouvard
Elle est très mignonne, Linda de Suza. Elle est gentille et en plus elle est riche... Parce que dans sa valise en carton elle a plein d'argent... Plein!... Votre compagne, Philippe, elle vient combien de jours par semaine?

Philippe CASTELLI
Elle vient le week-end.

Gérard JUGNOT
Mais... Sur son chapeau, il n'y a pas une croix rouge, dessus?...

*

Philippe BOUVARD
M. Castelli serait bien dans un feuilleton!

Gérard JUGNOT
Dans *Bonne nuit, les petits*... Tu devrais être sponsorisé par « Témesta » pour endormir... Tranxène Blues...

*

Gérard JUGNOT
On pourrait faire l'émission dans une poissonnerie, ça te rappellerait des souvenirs, Kersauzon... Tu pêches, des fois?

Olivier DE KERSAUZON
C'est pas parce que tu as été interdit de bains par Cousteau et la protection de la nature que tu vas parler de ça, non!
Plutôt que de faire le comédien, si t'as encore tes parents, tu leur fais un procès pour ta gueule... Tu prends du pognon. Le jury va pleurer quand il va voir ta gueule! Je sais pourquoi Sim se met à côté de toi, c'est parce qu'à côté de toi il fait beau mec!...

Gérard JUGNOT
On va laisser « Pépé Findus » dans son coin et on va parler entre nous.

Olivier DE KERSAUZON
On dirait un furoncle! Vous avez vu, c'est l'idée que je me fais du mal blanc avec un pull-over vert...

Philippe BOUVARD
Considérons que l'abcès est vidé et parlons d'autre chose.

*

Alice SAPRITCH
J'ai été modèle...

Philippe BOUVARD
C'est pas vrai!

Thierry LE LURON
Et Picasso! Les sculptures... La chèvre qui était au musée d'Art moderne à New York!...
Alice est la mère du cubisme...

Alice SAPRITCH
Absolument.

*

Olivier DE KERSAUZON
(*parlant de Teddy, le chien de Thierry Le Luron*)
Ça, c'est un chien de mer. Ça nage vachement bien, ça pêche... Un labrador, ça peut se démerder tout seul en bord de mer, ça bouffe tout seul, ça attrape le poisson...

Jacques MARTIN
Pourquoi tu ne navigues pas sur un labrador, alors?...

*

Philippe BOUVARD
Vous connaissez l'histoire de la demi-mondaine qui arbore un collier de perles qui était très, très long et qui lui tombe jusqu'au sexe?
Quelqu'un regarde la dimension du collier et dit :
– Tiens, voici des perles qui retournent à leur source!...

Olivier DE KERSAUZON
Pourquoi? Les morues, ça n'a pas de perles!

*

Jane BIRKIN
Qui a été réformé à cette table? Bouvard, as-tu fait ton service?

Philippe BOUVARD
Dix-huit mois. Dix-huit mois...

Olivier DE KERSAUZON
Bouvard, il n'avait pas d'uniforme. Il avait juste un casque et il se promenait dessous!... C'était une espèce de « speedy tortue » qui traversait la cour, on ne voyait que le casque... VRRR... VRRR...

Jane BIRKIN
Et toi, Jugnot?

Gérard JUGNOT
Moi, je n'étais pas réformé, malheureusement, mais inapte!... Il y a F1, F2, F3... Je crois que ce sont les appartements... Moi, j'étais...

Olivier DE KERSAUZON
Non, c'était P1, P2, P3 et tu étais P4...

Jane BIRKIN
Et toi, Sim?

SIM
Moi, j'étais O.S.

Jane BIRKIN
C'est quoi, ça?

SIM
Les mecs qui travaillent avec les mains...

Philippe BOUVARD
Obsédé sexuel, quoi!...

*

Paul BOCUSE
Un jour, Marc Pawls, qui était ministre des Transports anglais, vient manger à la maison.
Il me dit :
– Je suis content, monsieur Bocuse, c'est très bien, mais j'aimerais trouver un petit bistrot lyonnais.
Je lui dis :
– J'ai ce qu'il vous faut, demain midi, vous allez chez Paul Lacombe.
Et j'appelle Paul Lacombe, je lui dis :
– Méfie-toi, les Troisgros sont en train de te faire une blague! Ils vont t'envoyer des mecs, une quinzaine. Ils vont faire semblant de parler anglais et arriveront en Rolls... Ne te laisse pas impressionner, ils y ont mis le paquet, ça leur coûte cher, mais ne te laisse surtout pas impressionner!
Et ils arrivent...

Marc Pawls était un très grand type et Paul Lacombe était là sur le pas de sa porte qui fumait sa cigarette, tranquillement...

Il lui dit :

— Vous êtes Mr. Lacombe? Moi, je suis Marc Pawls, ministre des Transports de Sa Très Gracieuse Majesté.

Et Lacombe de répliquer :

— Comment que tu vas? Moi, je suis Paul VI, allez, tire-toi! ça ne prend pas!

*

Paul Bocuse

C'est un jour un Lyonnais avait obtenu une décoration rouge et vert. On avait fait une petite collecte entre nous, et on avait ramassé pas mal d'argent!

J'avais fait peindre une brouette en vert et rouge, une brouette de jardin... La fatalité veut que c'était au mois de novembre, juste après avoir nettoyé les lièvres! On met toute la « *brouillasse** de lièvres » au fond de la brouette... On ajoute un peu de terreau et dessus on pose pour deux mille francs environ d'orchidées!

On arrive à la réception avec la brouette... Réception très snob.

— Ah! Paul, Paul, c'est merveilleux ce que vous m'avez offert!

Il s'est empressé de monter la brouette dans son appartement qui donnait à moitié sur le parc... J'ai su la suite parce que j'avais un Portugais dont la sœur était femme de ménage chez eux.

Au bout de quelques jours, le médaillé déclare à sa femme :

— Tu sens? Ça dégage de l'oxyde de carbone.

Ils sortent la brouette sur le palier. D'autres jours passent. Comme c'était tout en marbre, les asticots

---

* *Les entrailles.*

qui tombaient de la brouette descendaient à l'étage au-dessous... Ils rerentrent la brouette à l'intérieur... Le petit faisait ses études de médecine; il dit :
– Touchez pas à ça !

Il met ses gants en caoutchouc, il prend la *brouillasse** et la met dans une espèce de gaine qui descend... Il y avait un clou qui dépassait; il bouche la gaine !... Ils font venir le plombier.

Le plombier arrive, devient tout rouge et crie :
– Ecoutez, ça fait vingt-cinq ans que je suis dans le quartier et je n'avais jamais vu de bourgeois faire leurs besoins dans la gaine d'aération. Eh bien, vous allez rester avec votre merde !...

---

* *Les entrailles.*

VII

Horreurs et billevesées

Bernard TAPIE
A quoi il vous fait penser, Castelli, quand il mâchonne comme ça?
Fais meuh!

Philippe CASTELLI
Meuh! T'as plus qu'à me traire!...

*

Alice SAPRITCH
Vous, Philippe, vous aimez beaucoup les grosses poitrines?

Philippe BOUVARD
Pas du tout. Mon amitié pour vous a une tout autre cause!

Alice SAPRITCH
Là, Philippe, permettez-moi de vous dire que vous déraillez, car j'ai eu, dans mon temps, les plus beaux seins de Paris...

Philippe BOUVARD
Je n'étais pas né!

Alice SAPRITCH
Si, Philippe. Ne jouez pas au gamin, ça ne vous va pas.

Philippe BOUVARD
Mais il y a de beaux restes!...

*

Rika ZARAÏ
Il y aura une grande cérémonie pour le « million de livres vendus », on va me donner le « Livre d'or »...
Il y aura un grand buffet. Il y aura un buffet comme tout le monde veut manger et un autre buffet comme ce qu'il faut manger, de sorte que les gens pourront goûter et, finalement, je suis sûre que c'est sur ce buffet-là que les gens vont se ruer!

Jean YANNE
Ce qui serait intelligent, c'est d'aller chercher des fanes de navets sur l'un des buffets et d'aller les coller au cul d'un saucisson sur l'autre buffet, et de faire semblant d'être végétarien pour ne pas se faire remarquer... Parce que le type dans le cocktail, il ne verra pas qu'il n'y a que les fanes qui dépassent...
On va rigoler à ton buffet. Ah! on va y aller...

*

Jean YANNE
Rika Zaraï, elle mange beaucoup de légumes parce que pour jouer du piano ça lui développe les radis!...

*

Jean YANNE
Je suis sorti de la « chair » depuis des années... J'avais ça ou bouffer des légumes, j'ai préféré ça!
J'aime mieux pas baiser et bouffer de la viande...

*

Rika ZARAÏ
Le drame est que les gens pensent qu'on élimine des plaisirs, ils ne se rendent pas compte qu'on change de plaisirs. On désapprend à manger une certaine chose et on apprend à manger une autre chose.

Philippe BOUVARD
Avec votre méthode, au lieu d'avoir du plaisir pendant quelques années, on peut avoir des désagréments durant beaucoup plus longtemps!

Rika ZARAÏ
On peut avoir du plaisir plus longtemps, car le principe est de vivre mieux et plus longtemps...

Philippe BOUVARD
Est-ce que la vie vaut d'être vécue si on ne se nourrit que de carottes râpées et de germes de blé?

Jean YANNE
Mais, et le chômage des abattoirs, c'est pas un phénomène social, hein? Et les fabricants de clapiers!...

Amarande
Rika a certainement raison, car elle est très belle, mais il y a un problème qui me chiffonne : Pasteur a quand même dit que le vin était la plus hygiénique des boissons, alors comment se fait-il...

Jean Yanne
... Que Pasteur soit mort?

Amarande
... qu'il faille éliminer le vin?

Philippe Bouvard
Et, aujourd'hui, de quoi votre repas était-il arrosé, puisque vous ne consommez pas de vin?

Rika Zaraï
J'ai bu de l'eau.

Philippe Bouvard
Ah! de l'eau, elle ne se refuse rien... Quelle eau était-ce, l'eau de la bassine du matin?

Jean Yanne
Vous n'y comprenez rien! Vous êtes nul, on ne boit pas la même eau avec les pommes et avec les carottes! C'est comme le vin blanc avec le poisson et le vin rouge avec la viande!...

On change d'eau. On commence par une petite eau légère et puis après, avec le plat de résistance, avec la carotte aux navets, là, on peut attaquer avec une eau un peu plus lourde...

On s'achève avec un Perrier!...

*

Darie Boutboul
Le gros baiser sur la bouche qui dure des heures, c'est malsain, on étouffe!

Roger CAREL
Vous avez été souvent en réanimation?
Vous ne voulez pas que l'on vous embrasse, mais vous parlez tout le temps pendant?

Daniel CECCALDI
Quand ça, sur son cheval?

Darie BOUTBOUL
A cheval, oui, je parle tout le temps!

Philippe BOUVARD
Qu'est-ce que vous lui dites, à votre cheval?

Darie BOUTBOUL
Ah! tout. Mon gros bébé, mon gros nounours, mon petit...

Roger CAREL
Vous êtes gentille, vous ne pourriez pas me trouver une selle? J'aimerais galoper sous vous.

*

Philippe BOUVARD
Vous qui voyagez très souvent, Jean Yanne, est-ce que la France s'est mis beaucoup de monde à dos?

Jean YANNE
J'ai vu un truc pas mal à la télévision américaine, exceptionnellement il y a eu une séquence sur Renaud qui injurie Mme Thatcher... Et la réponse des Anglais n'est pas mal non plus!

Dominique PATUREL
Ils nous accusent d'avoir inventé le bidet et la mauvaise haleine!

Philippe BOUVARD
Vous croyez qu'il y a un rapport entre le bidet et la mauvaise haleine?

Jacques MARTIN
Ça dépend dans quoi on se lave les dents!... On nous reproche souvent de voler bas, mais alors, là, ça vole encore plus bas chez les Anglais!...

Claude SARRAUTE
Vous voulez dire que Renaud vole bas ou que c'est la réponse des Anglais?

Jacques MARTIN
Renaud a toujours volé bas. Autrement ce serait pas des voitures mais des avions.

Philippe BOUVARD
La chanson sur Mme Thatcher..., c'est pas génial.

Jacques MARTIN
Non, ce n'est pas ce que je lui reproche, moi. C'est d'être un faux pauvre, un faux zonard...

Philippe BOUVARD
Vous n'aimez que les vrais pauvres, vous?
Ben, il y en a pas mal aussi...

Claude SARRAUTE
Oui, mais le problème c'est de le rester! Il l'était peut-être, au départ, Renaud, et puis après...

Jacques MARTIN
Pas du tout. L'entreprise de son père..., la Régie... Ça marchait bien quand ce n'était pas nationalisé!...

*

Philippe BOUVARD
Une question de Mme Poulet, qui habite Monthureux.
Quel est le rôle des pompes à cellule photovoltaïque ?

Jean YANNE
C'est quand on veut photographier avec les pieds, discrètement, sous les jupes ?... La dame est assise à la terrasse du café, on est assis à côté, on met le pied sous la jupe et avec le pouce on appuie... Au bout de la godasse il y a une cellule photo qui prend...

Gérard JUGNOT
C'est le truc solaire ?

Philippe BOUVARD
Oui. Et qui transforme le soleil en quoi ?

Jean YANNE
En transpiration sous les pieds ?

Gérard JUGNOT
C'est la pile photo-électrique ?

Philippe BOUVARD
Oui. Qui se transforme en électricité...

Jean YANNE
Dans les pieds ?

Philippe BOUVARD
Pas dans les pieds ! La pompe, c'est pas une chaussure !...

*

Andréa Ferréol
C'est un traitement qui consiste en quoi, se mettre les fesses dans l'eau froide?

Rika Zaraï
Quand on se réveille, le matin, et qu'on a encore la chaleur du lit... Quand on trempe les fesses dans l'eau froide, on obtient...

Philippe Bouvard
... De l'eau tiède!

Rika Zaraï
... Des résultats extraordinaires.

Andréa Ferréol
On doit rester longtemps?

Rika Zaraï
Non. Trois à cinq minutes.

Philippe Bouvard
Vous vous arrêtez quand ça fume! C'est facile.

Sophie Desmarets
Comme les œufs coque!

Darie Boutboul
Est-ce que la forme de la bassine est importante?

Rika Zaraï
La forme, c'est la forme des fesses. Si on a vraiment des fesses très importantes, il faut que ce soit plus grand!
Moi, j'ai fait construire dans ma salle de bain...

Sophie Desmarets
Vous n'avez pas de bidet?

Rika Zaraï
Ça vous suffit de mettre les fesses dans le bidet?

Sophie Desmarets
Oh! moi, j'ai un tout petit derrière! Et vous, mâdâme?...

*

Jane Birkin
Vous, les bidets, vous les avez depuis toujours ou c'est récent?

Philippe Bouvard
Les bidets en France? Depuis l'année dernière!

Olivier de Kersauzon
Les bidets sont arrivés en France après qu'on a cassé le vase de Soissons!

Jane Birkin
Avant, en Angleterre, ça n'existait pas, ils les ont fait venir maintenant. Mais avant, il fallait craquer les lavabos!
Combien de lavabos ont-elles craqué? T'as jamais craqué une lavabo? Moi, j'en ai craqué plein!... C'est plus agréable pour faire pipi que d'aller aux toilettes, tu ne trouves pas!
Moi, j'ai connu des messieurs qui ne pouvaient pas faire pipi dans les toilettes, ça les répulsait!... Il fallait qu'ils fassent pipi dans le lavabo...

Philippe BOUVARD
Vous avez eu affaire à des originaux!

Jane BIRKIN
Tu n'as jamais pissé dans une lavabo?

Philippe BOUVARD
Si, mais ça n'engendrait chez moi aucun plaisir particulier.

SIM
Il ne peut pas... Il faut qu'il saute!

*

Bernard TAPIE
Jacques, je vous propose quelque chose : l'entreprise que vous avez reprise ne marchait pas, vous êtes le nouveau P.-D.G., qu'est-ce que vous dites à vos employés?

Jacques MARTIN
(*prenant un ton de vieux patron ringard*)
Mes chers amis,
Je vous remercie d'être venus si nombreux, nonobstant le barrage dressé devant la porte de l'usine par certains factieux de l'entreprise... Et je voudrais saluer les personnalités qui ont daigné nous honorer de leur présence :
Le capitaine Gaillaret, de la 2e compagnie de C.R.S., qui a su démonter le barrage de chaises pour le disposer dans la salle des fêtes.
Je remercie, également, les membres du comité d'entreprise...

Philippe BOUVARD
On a dit un jeune patron dynamique. Pas un croulant!...

Jacques MARTIN

Bonjour!

Vous savez, s'il y a une chose que je déteste au monde, c'est les discours, alors je serai très court.

Voilà, on se bat tous ensemble pour un idéal commun. Vous savez qu'en ce moment ce n'est pas facile, on travaille dur. Je vous demande de bien vouloir serrer les dents pendant vingt-cinq ans, et, si vous voulez mon sentiment, on doit pouvoir s'en sortir!...

(*Reprenant le ton de ringard*)

Et je voudrais vous remercier, vous, mademoiselle Bouteillier qui êtes là, aujourd'hui, assise au premier rang, à côté de l'assistante sociale!

Entrée dans notre entreprise en 1923, comme plombeuse-fraiseuse, vous avez perdu votre bras droit... Cicatrisée, vous êtes revenue et nous vous avons mise aux coupeuses-trieuses. Malheureusement, vous avez perdu votre bras gauche... Lors du bombardement de 1943, pour sauver les papiers de l'entreprise, vous n'avez pas hésité à pénétrer dans mon bureau et vous y avez perdu les deux jambes...

Et vous voilà, aujourd'hui, à l'honneur. Vous, que vos camarades ont surnommée sympathiquement « Bouboule » et que nous avons continué à employer, nonobstant votre handicap, comme contrepoids...

Il y a aussi le côté « énarque » qui adopte le langage « popu » qu'il a appris par correspondance :

Salut, les potes!

Je suis vachement content de vous voir rassemblés, pour écluser un godet ensemble, quoi!

On peut aussi parler de façon monocorde, comme Frédéric Mitterrand prêche le cinéma :

Je crois à la classe ouvrière... (Arlette Laguiller!)... Je crois que les patrons sont tous à abattre les uns après les autres... Tous les partis sont pourris, tout va mal, votez pour moi!

*

Philippe BOUVARD
Dites, Jugnot, vous ne pourriez pas vous curer le nez ailleurs?

Gérard JUGNOT
Mon nez est là où il est placé, je ne peux pas me le curer ailleurs!...

*

Jean YANNE
Le Juif errant s'appelait... Je ne sais pas... Il est rue d'Aboukir... Il a une boutique... Isaac Schmatès! Jésus lui a dit :
– Jusqu'à la fin de tes jours, tu seras obligé d'être dans la confection...
D'ailleurs, vous savez qu'à une certaine époque, tout de suite après Jésus, il y avait des spécialistes pour la confession...
Quand on arrivait, on disait :
– Mon père, je voudrais me confesser.
Le mec disait :
– Confession pour homme ou confession pour dame?

*

Alice SAPRITCH
J'adore Haroun Tazieff!

Philippe BOUVARD
On a même dit que c'était votre gynécologue!

Alice SAPRITCH
C'est vraiment gentil pour Haroun Tazieff! Vous pourriez respecter votre ministre, merde!...

Philippe BOUVARD
Je le vois avec sa lampe tempête!...

Alice SAPRITCH
Je m'en fous, je l'adore. C'est un type épatant.

Philippe BOUVARD
Il est très bien. Vous le connaissez?

Gérard JUGNOT
Elle le connaît très bien. Il est chargé des catastrophes naturelles...

*

Rika ZARAÏ
Les carottes sont tendres et donnent un teint rose, des cuisses roses, une bonne humeur et une bonne vue. Les navets aussi...

Sophie DESMARETS
... Crus?

Rika ZARAÏ
Evidemment, crus!

Jean YANNE
Quel idiot aurait l'idée de faire cuire des navets?... Je rêve ou quoi, des navets cuits! Mais c'est n'importe quoi, Sophie!...

Rika ZARAÏ
Le navet cru est le légume le plus minéralisateur qui existe, il est riche...

Sophie Desmarets
Ça sert à quoi, un légume minéral...?

Jean Yanne
C'est pour faire tourner les boussoles!... Ils ne veulent pas à l'Observatoire qu'il y ait des navets... Pas de minéraux! Tu rentres avec un navet à l'Observatoire... Viré...

Je prends souvent l'avion. J'ai connu un mec qui passe sous le truc avec son sac de navets, ça se met à vibrer dans tout Roissy!

— Qu'est-ce que vous transportez, monsieur?

— Des navets que j'amène à ma famille, chez les Zaraï, à Jérusalem, ils ont des petits navets et ici on en a des gros...

— Ah! non. Vous repartez!

Rika Zaraï
Et qu'est-ce que tu fais du calcium et des sels minéraux qu'il y a dans les navets?

Jean Yanne
Qu'est-ce que j'en fais, moi?... J'utilise pas le navet...

C'est vrai, mince, pourtant j'en fais des navets, moi!...

Quand je fais un navet, ça ne me minéralise pas, moi, mais ça me mine, ça c'est sûr!...

Philippe Bouvard
Le navet peut vous apporter du plomb, du phosphate, mais ça vous désargente, hein?...

Rika Zaraï
Je suis contre cette idée idiote d'appeler un film, une pièce qui ne marche pas, un navet!

Moi, je vais créer un mouvement pour réhabiliter le navet...

Jean Yanne
Faut voir si c'est pas dans le programme de l'opposition!... La réhabilitation du navet.

*

Philippe Bouvard
Une question de M. Deverge, de Dives-sur-Mer. D'où provient le nerf de bœuf?

Gérard Jugnot
C'est justement à cause du nom du monsieur... C'est le...

Darie Boutboul
La verge?

Philippe Bouvard
La verge du?

Darie Boutboul
Du bœuf. La verge du bœuf!

Philippe Bouvard
Bonne réponse de Darie Boutboul et de Gérard Jugnot.

Darie Boutboul
Savez-vous que le nerf de bœuf est considéré comme une arme blanche? Si dans une manifestation on est pris avec ça dans sa voiture...

Jean Yanne
Non, mais si on explique ce que c'est, on ne peut rien vous dire! On n'a pas le droit de se promener avec une arme, mais tout le monde peut se promener avec une « verge de bœuf »...

Gérard Jugnot
C'est comme si on se balade avec de l'aloyau! Un morceau de bavette, vous ne vous faites pas attaquer! C'est dangereux, la bavette!

Jean Yanne
Vous n'avez qu'à dire que c'est pour votre usage personnel, qu'est-ce qu'ils vont vous dire, les flics?

Philippe Bouvard
En fait, c'est vrai, un morceau de viande... Si vous dites : « Moi, je ne me nourris que de ça! »
Le flic ne peut rien vous dire.

*

Darie Boutboul
J'ai appris le « coup du laitier », ici, avec vous, l'année dernière!

Gérard Jugnot
C'est quoi, le coup du laitier?

Darie Boutboul
Alors, le coup du laitier, c'est à l'heure du laitier! C'est donc après le petit déjeuner. C'est ça, hein?

Philippe Bouvard
Ah! ça dépend! Il y a des laitiers qui passent de très bonne heure... Au moment où vous êtes réveillé par le premier bidon, vous remettez ça!

Darie Boutboul
Vous m'aviez dit que c'était après le café au lait, Philippe!

Jean Yanne
Ça dépend des pays, parce qu'ici on ne livre pas le lait de bonne heure dans les maisons... Aux Etats-Unis, le laitier passe vers cinq heures du matin. On peut encore faire la grasse matinée, après...
Tandis qu'ici il faut aller chercher soi-même son lait... Alors, quand on revient, on n'a plus envie...

Gérard Jugnot
Dans ce cas, on se fait la laitière... C'est le coup de la laitière! Ça n'a plus rien à voir...

Philippe Bouvard
Et là-dedans, où est le sentiment, hein?

Gérard Jugnot
Mais dans le... bidon!

*

Claude Sarraute
On rigole, mais il y a tous les jours des sectes qui se forment autour de gens qui disent : « Je suis Dieu! » Et les gens marchent...

Sim
Je pense bien. Regardez le mec qui a été interviewé trois fois par Mourousi!...

*

Philippe Bouvard
Vous n'avez pas votre Légion d'honneur, Alice, aujourd'hui?

Alice Sapritch
Mais je ne la porte jamais, comme ça, pour venir chez vous... Pas dans les stations de rigolade!...

Gérard Jugnot
Vous avez honte de votre Légion d'honneur?

Alice Sapritch
Pas du tout. Je la respecte!

Philippe Bouvard
Vous avez honte de nous, alors? Vous pourriez venir avec votre Légion d'honneur...

Alice Sapritch
Non. Pas pour venir voir des gugusses comme vous!
J'ai même les Arts et lettres...

Philippe Bouvard
Ce que c'est que d'être bien avec le pouvoir, hein? On a plein de rubans ailleurs que dans les cheveux.

Michel Boujenah
Alice, les Arts et lettres, cette année, ils l'ont donnée à tout le monde, même à moi!...

Jacques Martin
Je l'ai eue aussi!

Gérard Jugnot
Je m'excuse, je ne l'ai pas eue, moi! Et ça me fait beaucoup de peine qu'on dise que tout le monde l'a eue!...

Philippe Bouvard
C'était pas une promotion, c'était une rafle!
Je suis officier, moi! Je suis officier des Arts et lettres.

Alice Sapritch
Alors, vous êtes bien avec le pouvoir?

Philippe Bouvard
Mais vous, vous avez un canapé, je crois? Alice, vous êtes commandeur, qu'est-ce que vous êtes? Non. Vous êtes chevalier, seulement...

Jacques Martin
... Chevalier de la Légion d'honneur et officier de la Légion étrangère!... Je crois.

Alice Sapritch
Et c'est très rare la Légion d'honneur chez un artiste! Chez une femme... Je suis très fière de ça!

Gérard Jugnot
Alice, c'est peut-être en tant qu'autre chose? En tant que résistante...

Philippe Bouvard
Oh! elle n'a jamais résisté à personne, Alice!

Jacques Martin
Non, non. Il y a plein de comédiennes qui ont la Légion d'honneur!... Il y en a qui vont l'avoir, parce qu'il y en a toujours qui sont en train de coucher pour essayer de l'avoir!...

Philippe Bouvard
Il faut coucher pour l'avoir? Non!

Alice Sapritch
D'après vous, j'ai couché avec qui, hein?

Gérard Jugnot
Il paraît que c'est gravé au dos de la médaille!...

Philippe BOUVARD
Ça doit être très délicat pour un personnage officiel de mettre un ruban sur une poitrine de femme, sans lui manquer de respect!...

Jacques MARTIN
Si on tient la pointe du sein avec une pince à sucre..., on reste très correct!

*

Rika ZARAÏ
Savez-vous que dans la religion juive il y a une partie de la prière qui permet tous les matins aux juifs religieux de dire :
« Dieu, merci de ne pas être une femme! »

Philippe BOUVARD
Ils disent aussi :
« Merci de ne pas avoir fait de moi un goy.
« Merci d'être juif... »

Jean YANNE
... Et merci d'avoir un stand au Salon du prêt-à-porter!...

*

Claude SARRAUTE
J'ai lu une série de papiers sur la recherche de bourreaux aux Etats-Unis. Je ne sais pas si c'est vrai, Jean Yanne, mais ils embauchent beaucoup, ils embauchent dans plusieurs Etats?

Jacques MARTIN
Il y a un « bourreau de placement »!

Jean Yanne
Il faut bien que tout le monde vive! En plus, comme il y a du chômage comme partout... Ici, regardez, on supprime la peine de mort... C'est des métiers en moins, ça!

Il y aurait un bourreau par ville comme dans le temps!...

*

Philippe Bouvard
Une citation que nous devons à M. Vermeulen, d'Athis-Mons.

Qui a dit : « Si les pédérastes sont beaucoup plus souvent sujets aux torticolis que les autres, c'est parce qu'ils veulent absolument s'embrasser sur la bouche en faisant l'amour »?

Jacques Martin
C'est un écrivain qui avait pratiqué?

Philippe Bouvard
Non. C'est un homme qui connaît l'homosexualité mais par « joui-dire » seulement.

Jacques Martin
Woody Allen?

Philippe Bouvard
C'est Woody Allen. Bonne réponse de Jacques Martin.

C'est exact, mais ce n'est pas très raffiné, je reconnais...

Jean Yanne
C'est-à-dire que maintenant le SIDA a remplacé le torticolis. C'est une préoccupation qu'on n'a plus, on est plutôt content d'avoir mal au cou!...

Jacques Martin
Ah! mais. Le Bon Dieu commence à se mettre en colère... On reprend la Bible à la page 12... Sodome et Gomorrhe!...

Philippe Bouvard
Oui. Cela dit, on ne joue jamais qu'avec ce qu'il nous a donné. On n'a rien inventé! Simplement, on a multiplié les combinaisons...

*

Philippe Bouvard
Et vous, Amiral, vous êtes-vous confessé au début?

Olivier de Kersauzon
Maintenant, pour aller plus vite, j'envoie un polaroïd de ce que je fais!...

*

Darie Boutboul
Olivier, vous faites toujours votre émission de télévision « Un bouledogue vous parle »?

Olivier de Kersauzon
Non. C'était « Nos amies les bêtes » et je t'ai invitée!

*

Olivier de Kersauzon
Une femme vierge, c'est comme un moteur de tank qui n'a pas tourné... Il faut mettre un peu d'huile, c'est tout!

Macha Méril
Quand on fait l'amour avec quelqu'un pour la première fois et qu'on l'aime vraiment, il y a une sorte de virginité qui se crée... On peut être le millième et être le premier!

Olivier de Kersauzon
Oui. Mais il y a des gonzesses, au premier coup d'œil on voit qu'on est le millième!

Philippe Bouvard
Vous savez comment on voit si une dame est vierge?
Vous vous badigeonnez les parties sexuelles en vert et si la dame vous dit : « Dis donc, pourquoi elles sont vertes? » c'est qu'elle en a vu d'autres!...

*

Philippe Bouvard
De M. Souplait, de Château-Thierry.
Qu'est-il d'usage d'offrir, en Allemagne fédérale, aux employés qui sont restés trente ans dans la même entreprise, le jour où ils prennent leur retraite?

Roger Pierre
Une concession au cimetière, non?

Philippe Bouvard
Une concession à perpétuité.
Très bonne réponse. Vous imaginez, Amiral, vous êtes chef d'entreprise. M. Gaillard prend sa retraite aujourd'hui, vous lui décrivez le cadeau que lui offre la maison!...

Olivier DE KERSAUZON

Cher ami,

L'aube s'était à peine levée sur la guerre de 14 que, déjà, vous entriez dans l'usine. Petit enfant chétif et trottinant... Vous avez été mis aux presses et à la machine. Vous y avez perdu un bras, récupéré un peu d'argent. Et après on vous a mis, lors de la modernisation, à la comptabilité.

La comptabilité vous a vu plusieurs années avant que la guerre ne vous rappelle au front, dont vous êtes revenu blessé..., grâce à vous l'usine s'enorgueillit de posséder, à l'époque, son premier blessé au front!

Les années qui passèrent vous virent dans les couloirs et nous permirent de montrer aux jeunes à quel point la dévotion que vous montrâtes à notre entreprise donna l'occasion à ceux qui ne connaissaient pas le Japon d'en deviner les mœurs...

Passé de l'emballage au déballage, vous avez raconté notre comptabilité secrète aux impôts. On vous a cependant gardé, traître professionnel, menteur, abjureur malsain...

Vos neuf enfants sont entrés dans l'usine, comme vous, afin de continuer à faire pousser une belle race de travailleurs dans laquelle le chômage n'est qu'une fleur abjecte que l'on rejette au loin!

Lors de la grève, vous avez apporté une pelle et un seau parce que vous croyiez encore, à l'âge de cinquante ans, qu'il s'agissait de jouer sur une plage... Ce qui montre à quel point, pendant tant d'années, vous vous êtes éloigné du syndicalisme et vous avez accepté de travailler pour le patronat...

Aujourd'hui, l'horloge sonne le joyeux tintinnabulement de la retraite et c'est avec émotion que, devant la première machine qui vous vit et qui vous prit un bras, je vous offre maintenant de quoi mettre tout le reste!...

*

Philippe Bouvard
De M. Nivert, de Troyes.
Qui a dit : « Toutes les héritières sont belles »?

Sim
C'est un mec qui a fréquenté la princesse de Monaco?

Philippe Bouvard
Oh! il a dû traîner par là aussi!...

Sim
Il vit encore?

Philippe Bouvard
Il vit encore, mais dans quel état!...

Olivier de Kersauzon
Woody Allen?

Sim
Il est vieux?

Philippe Bouvard
Il n'est pas vieux, mais il est un peu marqué...

Yves Robert
Il est écrivain?

Philippe Bouvard
Il a fait un livre. Mais ce n'est pas pour ça qu'il est écrivain!

Olivier de Kersauzon
Il est très beau?

Philippe BOUVARD
Ça dépend pour qui!...

Olivier DE KERSAUZON
Il est intelligent?

Philippe BOUVARD
Il n'est pas con!...

Yves ROBERT
Il est acteur?

Philippe BOUVARD
Il est plutôt comédien qu'acteur!...

SIM
C'est Kersauzon.

Philippe BOUVARD
Oui. Olivier de Kersauzon... « Toutes les héritières sont belles... » C'est comme « beau comme Crésus »... C'est les rapports entre l'argent et la beauté féminine, que l'Amiral a beaucoup étudiés!...

Olivier DE KERSAUZON
J'ai dit ça. Je ne vois pas pourquoi on dirait d'une fille, parce qu'elle a du pognon, qu'elle est moche! C'était pour essayer de rétablir une tendance désastreuse, il ne suffit pas d'être riche pour être vilaine!

Philippe BOUVARD
Vous les considérez d'abord de « dot »?

SIM
C'est rare, une femme qui réunit les deux qualités, belle et riche! Ça existe?

Olivier DE KERSAUZON
Si, ça va. Mais, ce qui est dramatique, c'est quand elle devient belle, riche et intelligente! Alors, là, on n'a aucune chance...

Il vaut mieux des riches que des héritières, parce qu'une héritière c'est quand même un viager...

Vous êtes obligé de la supporter, pour espérer que le fric va dégringoler!... Tandis qu'une qui a du pognon tout de suite... Non, l'idéale, c'est l'orpheline... L'orpheline récente de quelqu'un qui était excessivement riche! C'est-à-dire qu'elle n'a pas encore fini la comptabilité. Vous arrivez... Et vous pouvez l'aider! C'est certainement le profil le plus intéressant.

SIM
Sur les paquebots, on trouve souvent des affaires. Moi, je fais des croisières et croyez-moi!...

Olivier DE KERSAUZON
Là, il faut un beau naufrage, parce qu'elles se mettent tous les bijoux aux doigts et elles s'agrippent au canot de sauvetage... Alors, avec une machette, vous ne récupérez que les doigts... Ça devient une affaire formidable!

Toutes les vieilles sont là et, comme elles crient au secours, on voit si c'est la peine de se fatiguer tout de suite, parce qu'il n'y a que les mains qui sortent de l'eau!... La perruque est de travers et vous voyez les mains... Vous allez secourir trente carats, quarante carats, des émeraudes... Vous la laissez s'accrocher, il faut qu'elle tienne fermement, sinon ça coupe mal... et clac! Sur le plat-bord, vous débitez les doigts...

C'est une combine en or!

SIM
Faut faire ça avant qu'elles ne tombent sur un banc de maquereaux...

*

Philippe BOUVARD
De M. Charois, de Nice.
Qu'est-ce que la loi désigne sous le nom de « constupration »?

Olivier DE KERSAUZON
C'est la partouze?

Philippe BOUVARD
Ça peut se produire au cours d'une de ces séances que vous désignez par ce mot technique.

Charles LEVEL
C'est un attentat à la pudeur?

Philippe BOUVARD
La « constupration » peut se doubler d'un attentat à la pudeur.

SIM
Est-ce que c'est agréable pour la personne?

Philippe BOUVARD
Ce n'est pas agréable pour la personne qui porte généralement plainte!

Gérard JUGNOT
C'est un viol collectif?

Philippe BOUVARD
Pourquoi collectif?

Gérard JUGNOT
C'est un viol tout court.

Philippe Bouvard
C'est le nom savant du viol, « constupration ».
Bonne réponse de Jugnot. Pourquoi collectif? Y a-t-il des choses que vous ne pouvez pas faire tout seul?

Gérard Jugnot
Vous parliez de sexualité de groupe!

Philippe Bouvard
Je ne parle pas de sexualité de groupe...

Gérard Jugnot
On parlait de partouze!

Philippe Bouvard
C'est vous qui en parlez. Oh! voyons, c'est un mot que je ne connaissais même pas!...
Et vous, vous ne connaissez pas, Amiral?

Olivier de Kersauzon
Quoi?

Philippe Bouvard
Le viol à voile!

Olivier de Kersauzon
Boff!... Le viol, c'est parce qu'elle ne veut pas. Si elle ne veut pas, c'est quand même parce qu'elle a mauvais caractère! C'est normal que ça lui arrive.
C'est vachement naturel, le viol. C'est bien plus naturel que de faucher un sac à main à une vieille et, en plus, on peut faire ça à des jeunes!
On ne se penche pas assez là-dessus, mais pour qu'un homme soit amené à violer ça montre à quel point les femmes peuvent être hostiles à certaines demandes, à certaines angoisses, à un certain besoin de chaleur et de tendresse que les hommes peuvent avoir en eux!...

Et c'est leur refus systématique qui rend fous ces esprits que déséquilibre un manque d'affection. Je trouve que la femme qui porte plainte pour viol, avoue avoir refusé assistance à personne en danger...

Philippe BOUVARD
On devrait la condamner?

Olivier DE KERSAUZON
Non, si elle s'est fait bien, bien violer...
Non. Parce qu'elle a aidé, quand même! Ce qu'on devrait, c'est condamner toutes ces femmes qui ne comprennent pas, parfois, le pauvre homme dans lequel la sève monte comme dans un chêne puissant.

Il est là, affamé, il les voit passer, magiques, délicieuses, à la tombée de la nuit, elles vont vers d'autres... Lui, pourquoi serait-il systématiquement exclu de ce bonheur auquel un homme a droit, au nom de la dignité et de la sexualité qui sont des choses que l'homme doit reconnaître, aujourd'hui.

Et c'est pour ça, monsieur le procureur, que je demande la relaxe systématique du violeur... La violée... Ecoutez, vous n'aviez qu'à être plus moche!... Il faut quand même avoir un sacré sale caractère pour ne pas y prendre du plaisir à un moment donné! Je sais que le viol est immonde, mais elle n'a qu'à être d'accord!...

*

Philippe BOUVARD
Régine Deforges, avez-vous rencontré un exhibitionniste de sexe masculin?

Régine DEFORGES
Oui. J'ai une très jolie histoire à ce sujet-là!

Un jour, je prenais le métro. Il y avait beaucoup de monde et puis j'entends une voix :
– Elle est toute noire, elle est toute noire...
Bon, je me retourne, je vois un monsieur noir. Je ne fais pas attention, je me dis qu'il parle tout seul. Et puis ça recommence!
– Elle est toute noire, elle est toute noire...
Je me retourne et... Elle était bien toute noire!...

Olivier DE KERSAUZON
Si elle avait été blanche, ç'aurait pas été la sienne!

*

Roger PIERRE
Dans un théâtre, où il y avait des homosexuels, un journaliste est venu un jour, sous l'Occupation. Il fait :
– Bonjour, messieurs, je viens pour le journal *Détente*. Oh! Pardon...

*

Philippe BOUVARD
Il y a une presse homosexuelle de plus en plus copieuse!

Olivier DE KERSAUZON
Faudrait des rotatives à pédales...

*

Jean YANNE
Il existe des coquillages, en Espagne, qui sont durs à manger parce que, en principe, ce sont des coquillages qu'on ouvre avec un couteau, comme les praires, mais dès qu'on a mis le couteau le long

du coquillage, il sort un œil... Il regarde, comme ça... Et, si on écarte un peu plus la coquille, hop! Un deuxième! Et on voit bien la pupille qui regarde et dit : Tu vas me bouffer, toi!... Il faut avoir, quand même, ou très faim ou pas de cœur pour les bouffer...

Philippe BOUVARD

Vous n'avez jamais regardé une tête de veau? C'est très émouvant. Vous pourriez manger un veau qui vous regarderait comme ça?

Jean YANNE

Est-ce qu'il est bien nécessaire de tuer pour manger? Est-ce que, par exemple, si on a un mouton, est-ce que, plutôt que de tuer ce pauvre mouton, il ne vaut pas mieux lui couper proprement une jambe et manger seulement le gigot... Et lui mettre une jambe de bois pour qu'il continue à vivre sur trois pattes une vie heureuse dans les champs... En broutant tranquillement!

Moi, j'avais voulu, pendant un moment, lancer une opération pour nourrir les gens, parce qu'il y a beaucoup de gens qui ne mangent pas dans le monde, qui consistait à faire du boudin par simple prise de sang. C'est-à-dire que ce n'est pas la peine de tuer les cochons. Si vous avez trois ou quatre cents cochons et si tous les jours vous leur prenez vingt centimètres cubes de sang, avec des oignons, bien assaisonné... Vous faites du boudin et vous n'avez pas tué de cochon!...

Philippe CASTELLI

Et la peau du boudin, où la trouveras-tu? Tu ne vas pas donner tes tripes!

*

Philippe BOUVARD
C'est un jeu très honnête, « Les Grosses Têtes »!

Jean YANNE
C'est honnête parce que vous nous avez empêchés de nous en occuper nous-mêmes. Si vous nous aviez laissés discuter un peu... Honnête, hein? Kersauzon et moi, tous les deux, vous nous laissez gérer « Les Grosses Têtes » pendant deux mois, vous verrez... Le prix des billets et tout... Et les machins au marché noir... Et les abonnements à *Télé 7 Jours*, que les mecs ne reçoivent jamais... Et, nous, on prend les ronds quand même! Et puis on peut agrandir le truc avec Zitrone qui donne le tiercé à l'avance... Et les magouilles, c'est pas mal non plus!... Et ça grandit...

(Prenant un ton politique)
Et enfin, on peut faire un pays fort, sain et riche et redresser un peu cette nation qui part en brioche. Pourquoi? Parce que tout le monde fait semblant d'être honnête et qu'il n'y en a pas un seul qui a le culot de dire qu'on est des crapules et qu'on veut en croquer... Mais on veut en croquer à beaucoup. C'est pas autre chose...

Autrement ici *(baissant la voix)*, *Télé 7 Jours*...

(Haussant de nouveau la voix)
Télé 7 Jours, ça pourrait être une banque et R.T.L. aussi...

(Haussant encore plus la voix)
Rasez-moi ça. Mettez-moi des immeubles avec des télex et des computers reliés directement à la N.A.S.A. Et les pots-de-vin, vas-y, envoyez l'artiche... Et tous les techniciens de haut niveau qui végètent dans des cages... On dirait des aquariums!

Des types qui partiraient dans des limousines,

avec leurs femmes couvertes de bijoux et de fourrures... Au lieu d'avoir une assistance de gens *(parlant du public)*, là, qui vient... On dirait des mouroirs en Inde!

Franchement, ça serait pas dur de relever la France!...

*

Jacques MARTIN

Vous n'avez jamais piqué dans un supermarché?

Facile! Vous prenez :

1. Un tonneau de lessive, vous foutez la lessive par terre, vous remplissez le tonneau de whisky...

2. Les tranches de jambon sous papier plastique passent, sous le chapeau...

3. Vous changez de pompes...

4. La pâtisserie que vous allez manger aux cabinets, vous tirez la chasse!

... Vous ne payez rien.

*

Gérard JUGNOT

Je suis en train de lancer, pour des amis qui travaillent sur les sommets, une idée qui fera venir davantage les touristes l'hiver, c'est « la pêche au gros » en haute montagne!

J'explique : Tu loues un Canadair. Ça ne coûte rien l'hiver, il n'y a pas de feu. Tu repères un banc de poissons, thon, merlan... Tu chopes le banc dans le Canadair... Tu te rattrapes cinq mille thons ou harengs dans ton Canadair qui reprend le ciel, qui arrive en haute montagne, sur le mont Blanc par exemple, qui largue ses cinq mille poissons qui immédiatement sont surgelés. Et ça fait une activité de plus en haute montagne!

Les gens partiraient pour pêcher le thon gelé... Le

seul problème, c'est l'été, à cause de l'odeur à la fonte des neiges !...

Tous les mecs perdus en haute montagne, en cas d'avalanche, pourraient becqueter... Le type qui est coincé sous une avalanche, il mange son thon ! C'est vraiment une bonne idée, non ?

            Bernard TAPIE
C'est de bon ton !

*

            Bernard TAPIE
C'est un drôle de métier, gynécologue !

          Philippe BOUVARD
Vous imaginez le type qui, le soir, rentre chez lui... et puis sa femme...

           Gérard JUGNOT
Ça, c'est dans tous les métiers. Le type qui est charcutier, qui rentre chez lui et qui est amoureux d'un cochon, par exemple !...

            Bernard TAPIE
Oui, par exemple. Comme il y en a plein !...

           Daniel CECCALDI
Non, d'une truie, d'une truie !

           Gérard JUGNOT
Il peut être homosexuel, il en a le droit !

           Daniel CECCALDI
Je ne sais pas s'il y a beaucoup d'homosexuels chez les gynécologues ?

Philippe Bouvard
Je ne le crois pas... Pourtant ils auraient quelques raisons de l'être!

Bernard Tapie
Il y a, par contre, beaucoup d'homosexuels qui vont chez les gynécologues!...

*

Philippe Bouvard
De Mme Parisot, d'Alençon.
Je vous donne l'auteur et je vous donne la citation, vous me direz à qui cela s'adressait : « A qui Jésus a-t-il dit " Je me reposerai ici et, toi, tu ne cesseras de marcher jusqu'à ce que je revienne "? »

Daniel Ceccaldi
A Marie-Madeleine.

Philippe Bouvard
Non.

Bernard Tapie
Au Juif errant?

Philippe Bouvard
Au Juif errant. Bonne réponse de Bernard Tapie.
Voulez-vous, monsieur Tapie, me donner le nom du Juif errant?

Gérard Jugnot
On n'est pas pendant la guerre, quand même! C'est la Gestapo, ici...

Daniel CECCALDI
Il s'appelait Leman... Lévy... Goldman... Goldenberg?

Philippe BOUVARD
Non. C'était un cordonnier et il avait refusé à Jésus le droit de se reposer devant chez lui, pendant le chemin de croix.

Gérard JUGNOT
Le Pen? C'est pas un nom juif, non!...

Philippe BOUVARD
Il s'appelait Ashverus.

Gérard JUGNOT
C'est un nom à coucher dehors!

*

Philippe BOUVARD
Une question de Mme Douchy, de La Varenne.
Qu'est-ce qui mesure trente centimètres, qui pèse soixante kilos et qui parcourt deux mètres quatre-vingts en trois quarts de seconde?

Bernard TAPIE
Je sais, c'est le fût du canon.

Gérard JUGNOT
C'est une arme?

Philippe BOUVARD
Une arme, ce n'est pas le mot, mais enfin ça aboutit au même résultat.

Bernard TAPIE
C'est une masse?

Philippe BOUVARD
Oui, une masse...

Bernard TAPIE
C'est une hache?

Philippe BOUVARD
Pas tout à fait, mais on se rapproche.

Bernard TAPIE
C'est le truc de la guillotine!

Philippe BOUVARD
C'est le couperet de la guillotine. Bonne réponse de Bernard Tapie.

Daniel CECCALDI
Ça n'a que trente centimètres, une guillotine?

Gérard JUGNOT
Oui, mais soixante kilos, ça fait mal!

Bernard TAPIE
Ça coupe le souffle, un truc pareil...

Philippe BOUVARD
Et ça va vite, hein!

Gérard JUGNOT
Il vaut mieux, sinon on a de l'appréhension! Surtout si ça rebondit!...

Bernard TAPIE
Imaginez que chaque fois on gagne trois millimètres...

Philippe BOUVARD
Il faut suivre le pointillé...

Daniel Ceccaldi
Mais, quand on décapitait à la hache, il devait y avoir des coups ratés... Certainement!

Bernard Tapie
Y'en a qui se fendaient la gueule!

Gérard Jugnot
Des fois, il y avait des types dans l'assemblée qui se prenaient une hache dans la gueule, parce qu'elle se démanchait... Il y a eu des accidents! C'est pour ça qu'ils ont fait la guillotine!

Philippe Bouvard
Elle a le cœur retourné, la pauvre Linda...

Linda de Suza
Oh! Imaginez-vous un truc qui tombe et qui vous écrase!...

Gérard Jugnot
Ils ne souffrent pas, les gens!

Linda de Suza
Qu'est-ce que vous en savez?

Gérard Jugnot et Daniel Ceccaldi (*en chœur*)
Ils nous l'ont tous dit!...

*

Philippe Bouvard
Une question de M. Million, de Lyon.
Dans la littérature romanesque française...

Jean Yanne
Oh! Elle me dégoûte, celle-là, je ne peux plus supporter la littérature romanesque française... La

Vie de Jésus par Renan, tout ça... Asphyxie! L'*Introduction à la mécanique ondulatoire*, tout ça... Tout ce qui est romanesque m'horripile.

Philippe Bouvard
Qui est, dans la littérature romanesque française, le personnage de Daniel Eyssette?

Léon Zitrone
C'est dans Victor Hugo?

Philippe Bouvard
Non. Contemporain de Victor Hugo mais pas Victor Hugo.

Léon Zitrone
C'est un grand romancier français?

Philippe Bouvard
Oui. Qui n'a pas, aujourd'hui, le prestige et le rayonnement de Victor Hugo, mais enfin c'est un grand.

Son personnage, là, n'est pas connu sous son patronyme, il est plutôt connu sous son surnom qui constitue le titre du livre.

André Gaillard
Daudet?

Philippe Bouvard
Oui. C'est Daudet...

Léon Zitrone
C'est *le Petit Chose*?

Philippe Bouvard
C'était *le Petit Chose*. Bonne réponse. Connaissez-vous *le Petit Chose*, Jean Yanne?

Jean YANNE
Mais je vous ai dit que je ne lisais pas de trucs cochons! D'abord, on dit la petite chose et non pas le petit chose... C'est pour ça que je n'aime pas les auteurs romanesques français. Ils ne savent même pas écrire en français. Le petit chose, on dirait du Birkin, ça n'a pas de sens!...

Rika ZARAÏ
Le voilà raciste! Et si on vient de l'étranger?

Jean YANNE
Si je suis raciste, c'est à cause de Rouget de Lisle, parce que moi, quand j'étais petit, à l'école on m'a appris que les saloperies d'étrangers qui venaient dans nos banlieues il fallait les égorger et arroser nos sillons de sang impur... Alors, qu'on ne vienne pas m'emmerder avec des « Touche pas à mon pote » maintenant!

Quoi, ces cohortes étrangères feraient la loi dans nos foyers?

Quoi, ces sinistres mercenaires égorgeraient nos frères guerriers? Mon cul!...

Moi, quand j'étais tout petit, on ne pouvait pas travailler dans les « carrières », parce qu'il y avait des vieux cons qui prenaient la place et on attendait que les aînés ne soient plus là pour entrer dans la « carrière ». Alors, ça va bien! Les étrangers, du vent... Dégagez...

D'ailleurs, M. Chevènement l'a dit. Dans les écoles, maintenant, il faut qu'on apprenne ça pour bien faire comprendre aux petits garçons que c'est terminé cette histoire-là, des types qui viennent manger le pain des Français!

Et l'étendard sanglant est levé, mon vieux! Déjà, qu'on laisse rentrer des Espagnols qui se traînent « sans gland » sur la route...

Philippe Bouvard
Au moins, ils ne feront pas d'enfants, ceux-là!

Jean Yanne
Victor Hugo, l'autre type dont vous parliez tout à l'heure, qui était romanesque et tout... Il a pourri notre jeunesse, c'est vrai!
Mon père, ce héros au sourire si doux,
Suivi d'un seul housard qu'il aimait entre tous...
Vieille tante et tout!... Un housard qu'il aimait pour sa grande taille... Evidemment!
Alors, il saisit la gourde de rhum qui pendait à sa selle...
Comme si l'argent de l'Etat doit servir à payer du rhum pour les militaires! C'est du propre, ça, les troufions, officiers avec une gourde de rhum... Ça fait bel effet! Pas étonnant que les Américains et tout... Des poivrots en France...
Vous n'avez jamais vu le général Eisenhower avec une gourde de rhum! Non, les romanesques, ça va!

*

Philippe Bouvard
Une question de M. Carel, de la Plaine-Saint-Denis.

Jean Yanne
Oh! Je crains le pire...

Philippe Bouvard
Quelle est la profession qui, à en croire les médecins, est la plus sujette aux épanchements de synovie?

Jean Yanne
C'est les putes!

Léon ZITRONE
Les footballeurs ?

Philippe BOUVARD
Les... ?

Jean YANNE
Les putes !

Philippe BOUVARD
Pourquoi ?

Jean YANNE
Eh ben ! Les épanchements... De synovie ou de n'importe qui, hein ! On ne va pas commencer à faire du racisme avec ça... Sous prétexte qu'un mec est synovie, alors, il n'a pas le droit d'avoir des épanchements ?

Rika ZARAÏ
Les cyclistes ?

Jean YANNE
Moi, je vais lancer le mouvement pour empêcher qu'on foute en l'air les malheureuses qui travaillent rue Saint-Denis et que les riverains veulent faire partir... Là, j'ai vu ça dans le journal en arrivant.

Philippe BOUVARD
Qu'est-ce que vous allez faire ?

Jean YANNE
Je vais me faire fabriquer une petite main avec marqué « Touche pas à ma pute »...

Philippe BOUVARD
Vous pouvez peut-être en prendre deux ou trois chez vous déjà ?

Jean YANNE

Ce n'est pas le problème! On dit : Ah! Les riverains se plaignent. Elles sont riveraines par définition, elles aussi... Alors, évidemment, ça gêne les gens qui ont des boutiques dans la rue Saint-Denis. Et nous, quand on va aux putes, ça ne nous gêne pas, les boutiques?...

Philippe BOUVARD

M. Carel, de La Plaine Saint-Denis, puisque c'est de là que tout est parti, voulait savoir quelle était la profession, tout à fait honorable, qui fournissait le plus grand nombre...

André GAILLARD

Les prêtres?

Philippe BOUVARD

Les prêtres. Bonne réponse.

VIII

Sans cœur et sans pudeur

Olivier DE KERSAUZON
Le cadavre, c'est bon pour la terre. Dans les cimetières un peu ensoleillés, si vous avez un mur au sud, vous plantez de la marijuana, peinard... Elle a bon goût, en plus. Vous vous déguisez en petite vieille, vous allez prier... Qui c'est qui croit que vous êtes en train de faire la cueillette de l'herbe à bonheur?

Vous prenez un pan sud. En plus, l'intérêt, si c'est bien sud, c'est que, les tombes, ça casse le vent à ras du sol. Faut pas qu'il y ait une tombe trop haute, une tombe de quarante, cinquante centimètres pas plus, sinon il y a de l'ombre. Ça casse le vent et tout, ça pousse génial...

Il faut un endroit où il y ait du macab récent, avec un cercueil pas trop étanche, parce que, si le cercueil est trop étanche, il n'y a pas décomposition, donc le cercueil ne s'enrichit pas. Faut prendre plutôt une fosse commune parce que, comme ils n'ont pas trop de pognon, c'est le gouvernement qui les enterre, c'est du sapin... Donc là, super, super...

Non, mais je vous le dis, si vous vous intéressez à l'agriculture!

Philippe BOUVARD
C'est intéressant d'avoir un petit jardin au Père-Lachaise!...

Olivier de Kersauzon
Vous pouvez aussi faire des tomates, mais c'est moins discret. Là, c'est quelques herbes folles, vous dites : J'ai à nettoyer... Personne ne va nettoyer du côté des fosses communes, alors c'est bien, vous êtes le bon mec et tout...

L'intérêt aussi, si vous plantez des légumes sur les tombes, il faut des racines pivotantes, hein. Carottes... Le poireau marche pas mal, c'est une racine qui prend... La carotte, quand vous faites le bouillon après, ça a toujours le goût du pot-au-feu, même sans mettre de la viande!...

Philippe Bouvard
Et le verger, à quelle hauteur le faites-vous?

Olivier de Kersauzon
Je n'ai pas de verger, moi, je m'occupe seulement de légumes au ras du sol.

Philippe Bouvard
Ah! C'est étonnant, je n'avais jamais entendu parler de ce type de culture!

Olivier de Kersauzon
C'est vachement riche, eh! en phosphore. Il y a tout... Tous les os, la moelle du mec... La viande, ça nourrit les vers, mais, les vers, ça aère la terre, vous avez une terre très vivante, une terre qui sur le plan bactérie est extraordinaire!

Philippe Bouvard
En fait, rien n'est plus vivant qu'un cimetière!

Olivier de Kersauzon
Oui. Si on veut planter, c'est un engrais de premier choix, première catégorie!

S'il y a la guerre, y aura plus de ravitaillement,

vous plantez vos petites carottes près du macab... Bonsoir, grand-père! Clac...

Philippe BOUVARD
C'est bien vous, parce que vous voyez toujours le bon côté des choses. Un petit supplice par-ci, un petit jardin de cimetière par-là!...

Olivier DE KERSAUZON
Tiens, voilà... Un supplicié, bien supplicié, j'entends...

Charles LEVEL
Un pendu?

Olivier DE KERSAUZON
T'es fou! Un pendu, c'est comme un autre, ça ne va pas se décomposer vite.
Mais un mec tailladé, par exemple, ça se décompose dix fois plus vite. Ça, ça fait un engrais de premier choix! Si les os sont cassés...

Philippe BOUVARD
Vous avez le carré des...

Olivier DE KERSAUZON
Le carré d'agneau.

Philippe BOUVARD
Le carré des suppliciés à Thiais, par exemple, ça doit bien pousser, là!

Olivier DE KERSAUZON
Ben, non! Parce que le fusil ne fait pas du travail très propre. Mais si l'on pouvait récupérer tout ce que les S.A.M.U. ramènent en fin de week-end... Quelle fumure!

Philippe BOUVARD
L'Amiral est du genre à se placer dans le virage le plus dangereux aux 24 Heures du Mans, avec une cuillère dans une main et une mouillette dans l'autre, en attendant l'accident...

Charles LEVEL
C'est son genre! Avec un peu d'huile sur la piste pour le provoquer...

Olivier DE KERSAUZON
Justement, comme les huiles avec lesquelles ils tournent ne sont pas comestibles, il faudrait les faire tourner avec du « tournesol » dans la bagnole, comme ça, on aurait le « tartare » tout fait!

Imaginez Poivre d'Arvor, au volant, qui dérape avec une bagnole « tournesol »!... Quel plat!...

*

Philippe BOUVARD
Une question de M. de France, de Douai.
A quoi sert le bouton rouge qui est installé dans certains ascenseurs de New York?

SIM
C'est en cas de viol.

Philippe BOUVARD
Oui. C'est le bouton antiviol! Très bonne réponse de Sim.

C'est un bouton rouge sur lequel il y a une reproduction de sexe masculin afin que la dame qui ne serait pas au courant puisse par une comparaison rapide s'assurer de ce qu'on veut lui faire.

C'est quand même étonnant, non!

Peter USTINOV
Et l'aide arrive en combien de temps?

Philippe BOUVARD
Vous voulez dire pour aider le monsieur?...
Est-ce qu'il y a autant de viols qu'on le dit à New York, vous qui y vivez souvent?

Peter USTINOV
Moi, je ne suis pas qualifié pour le dire.

Philippe BOUVARD
Vous voulez dire que vous n'avez jamais essayé et qu'on ne vous a jamais manqué de respect non plus?

Peter USTINOV
Je pense que la situation grave à New York, c'est toujours quand il y a des coupures d'électricité, parce que, là, le bouton rouge ne fonctionne pas mais toutes les autres choses fonctionnent!...

*

Darie BOUTBOUL
Je ne savais pas que c'était péjoratif, « flic ». Je croyais que ce n'était pas de l'argot...

Jean YANNE
On peut dire « lardu », on peut dire « poulet »...

Darie BOUTBOUL
J'ai dit cela à un agent dans la conversation, parce qu'il m'avait demandé mes papiers, et j'ai eu : insulte à agent. Ça a failli aller très mal. L'autre jour, je n'avais pas mes papiers de voiture...

Olivier DE KERSAUZON
On demande les papiers pour les fauteuils roulants?

Darie BOUTBOUL
J'ai dit : Ce n'est pas grave, je sais que j'ai cinq jours pour les présenter, je connais les flics de mon arrondissement.
Mais gentiment, je disais ça. Voilà, j'ai eu plein d'ennuis. Ils m'ont demandé de les suivre...

Olivier DE KERSAUZON
S'il te dit : « Vous avez vos papiers? » tu dis : « Pourquoi, t'as la colique? » Ça plaît...

Philippe BOUVARD
Il vous a arrêtée parce qu'il avait l'impression que personne ne conduisait la voiture, peut-être?

Darie BOUTBOUL
Mais pas du tout! Parce que j'étais un peu garée sur...

Jean YANNE
... Ses pieds...

Darie BOUTBOUL
... A un endroit où je n'avais pas le droit, mais ce n'était pas écrit en gros que je n'avais pas le droit!

Philippe BOUVARD
Et comment ça s'est passé?

Darie BOUTBOUL
Très mal. Il m'a demandé de le suivre au commissariat et en plus ils se sont engueulés dans le commissariat! Il y en avait qui jouaient aux courses,

du coup ils se sont arrêtés et ont dit : « Arrête, arrête, on va avoir un tuyau !... »

Olivier DE KERSAUZON
Pourquoi, ils n'avaient pas de tuyaux ?

Darie BOUTBOUL
L'autre a dit : « Tais-toi, je fais mon métier ! »

Patrick SÉBASTIEN
J'en ai rencontré un copieux, l'autre jour, qui m'a dit : « Je vais aller travailler dans les territoires d'outre-mer, parce que, là-bas, le salaire il est triplé par quatre... »

*

Philippe BOUVARD
Question de M. Latré, de Sart-les-Spa.
A quoi a servi le bois Gopher à en croire la Bible ?

Olivier DE KERSAUZON
A faire l'arche de Noé.

Philippe BOUVARD
Oui, à construire l'arche de Noé. Bonne réponse de l'Amiral.

Gérard JUGNOT
C'est un bois qui est insubmersible. (*A Kersauzon*) Tu devrais...

Olivier DE KERSAUZON
C'est ça, oui...

Léon ZITRONE
Gérard, adieu !

Olivier DE KERSAUZON (*à Jugnot*)
C'est toi le naufragé de cette émission, mon pauvre coco!

Philippe BOUVARD
En quoi est fait votre bateau?

Olivier DE KERSAUZON
Cela ne vous regarde pas, est-ce que je vous demande en quoi est faite votre secrétaire?

Philippe BOUVARD
Je ne navigue pas dessus!

Olivier DE KERSAUZON
Ce n'est pas ce qu'elle dit...

*

Olivier DE KERSAUZON (*parlant de Darie Boutboul*)
A la voir comme ça, avec son paquet de gâteaux, à côté de Léon, on dirait une môme qui file un croûton à un éléphant!

Philippe BOUVARD
Tant qu'il ne lui montre pas sa trompe...

*

Jacques MARTIN (*avec l'accent paysan*)
Et la poule, tu fais toujours la poule?

Olivier DE KERSAUZON
J'en ai pus! J' fais du canard... On vend ça comme dinde aux Belges à Noël!

*

Thierry Le Luron
Comment s'appelle ton produit, toi?

Sim
Sexassure. Avec Sexassure, on assure.

Léon Zitrone
Avec Sexassure, pas de coups durs, des coups sûrs.

Philippe Bouvard
C'est la première fois que j'entends Léon faire de la publicité! Car vous avez toujours refusé.
Donc, c'était le produit qui ne vous plaisait pas...

*

Philippe Castelli
Je suis chauffé à l'électricité.

Roger Carel
Qui est-ce qui pédale?

*

Darie Boutboul
Je suis montée sur un petit voilier pour la première fois de ma vie...

Olivier de Kersauzon
Je le plains! Dis donc, il n'y a plus de transport d'ordures à voile, alors ça m'étonnerait!

Darie Boutboul
Mais il était tout petit, tout petit.

Olivier de Kersauzon
Evidemment, pourquoi prendre un paquebot vu ta taille? C'était sur le bassin du Luxembourg et le gardien est venu te chercher...

Darie Boutboul
Je me suis retrouvée au milieu des poissons. Je me suis mise dans votre peau, vous qui êtes toujours dans l'eau!...

*

Philippe Bouvard
Dites à l'Amiral, qui ne s'en est pas aperçu, que vous avez un pull-over neuf, ça l'intéresse.

Philippe Castelli
Il s'en balance, il a bien raison.

Olivier de Kersauzon
Je trouve que c'est une nouvelle d'importance, quand même.

Philippe Castelli
Machin... je ne sais comment..., il m'a dit que ça se vendait sur les autoroutes!

Philippe Bouvard
Les employés qui travaillent sur les autoroutes se signalent à l'attention des automobilistes en portant des vêtements très colorés.
J'étais persuadé, Amiral, que vous apprécieriez le « frai vestimentaire » que notre ami Castelli avait fait en votre honneur...

Darie Boutboul
Surtout que, s'il s'habillait dans ces couleurs-là, on le repêcherait plus vite!...

Olivier DE KERSAUZON
Eh! J'ai sûrement moins naufragé que t'es tombée de cheval.

Darie BOUTBOUL
Sans faire de bateau, on ne peut pas couler!

Olivier DE KERSAUZON
J'ai sûrement fait plus d'heures en mer que toi sur le cul des chevaux! Sinon, à ce moment-là, t'as la S.P.A. aux fesses, parce que, je vais te dire, les animaux montés par toi, dans le festival du Morback! Elle s'accroche, la punaise!

Darie BOUTBOUL
Mais quand j'aurai cinquante ans, j'en aurai peut-être fait autant!

Olivier DE KERSAUZON
T'as pas cinquante ans? Eh bien, t'as pourtant l'air de les avoir, ça fait vieillir ce sport, hein!
De toute façon, cette gonzesse, elle a passé plus de temps au paddock qu'à Longchamp.

*

Olivier DE KERSAUZON
Tiens! voilà ton cheval *(parlant du cocker de Darie Boutboul)*. C'est un des rares chevaux qui aient une vie de chien.

Darie BOUTBOUL
Mais non! Une toute petite bête ne peut pas servir de cheval à...

Olivier DE KERSAUZON
Ah! mais celui-là elle peut monter dessus sans avoir besoin d'un escabeau!

Philippe Bouvard
Pauvre Clémentine!

Darie Boutboul (à *Kersauzon*)
Clémentine vous aime bien, car vous êtes coiffé comme elle.

*

Philippe Bouvard
Question de Mme Serron...

Bernard Tapie
... Les boulons...

Philippe Bouvard
... de Villemomble.

Bernard Tapie
Serrons les boulons. Ça, c'est un terme de gestion: en général on dit : il faut serrer les boulons.

Philippe Bouvard
Pour quelle occasion Verdi composa-t-il *Aïda*, son opéra en quatre actes?

Olivier de Kersauzon
Pour le centenaire du préservatif en laine.

Bernard Tapie
Elle *(Darie Boutboul)* va nous en tricoter un.

Philippe Bouvard
Oui. Elle a nos mesures à tous, donc elle peut.

Olivier de Kersauzon
Oui, mais avec le mien vous allez faire un passe-montagne, comme d'habitude.

Darie BOUTBOUL
Ça ne me fait plus rire.

Philippe BOUVARD
Vous n'aimez pas ce genre d'astuce?

Darie BOUTBOUL
En plus, moi, j'ai de l'imagination. Alors j'essaie d'imaginer... Alors...

Philippe BOUVARD
Le jour dont il est question, l'Amiral n'était pas là, parce qu'il n'était pas encore de ce monde. Mais je pense qu'il aurait été là, si elle s'était passé un siècle plus tard.

Bernard TAPIE
C'était pas Suez?

Philippe BOUVARD
Si. C'était l'inauguration du canal de Suez par Ferdinand de Lesseps. Bonne réponse de Bernard Tapie.

*

Philippe BOUVARD
Vous vous connaissez, bien, monsieur Tapie et monsieur de Kersauzon?

Bernard TAPIE
Ça fait un an et demi qu'il essaie de me prendre un peu de sous pour construire un bateau.

Philippe BOUVARD
Oui?...

Olivier DE KERSAUZON
Il y a des mauvaises langues qui disent : Va pas voir Tapie, il risque de couler avant toi!

Bernard TAPIE
C'est tellement vrai que j'ai une mauvaise nouvelle à t'annoncer. Je ne peux pas te le financer, parce que c'est fait, j'ai coulé hier soir.

Olivier DE KERSAUZON
Tu as une belle gueule de naufragé. Bienvenue au club!

Bernard TAPIE
T'es gentil, salut, vieux frère!

Olivier DE KERSAUZON
T'as été riche, toi?

Bernard TAPIE
J'ai été, une fois.

Olivier DE KERSAUZON
T'as fait Terraillon et Illusion.

Bernard TAPIE
Ouais...

Philippe BOUVARD
Non, mais vous allez lui donner un petit quelque chose finalement ou bien...

Darie BOUTBOUL
A mon avis, il vaut mieux acheter des chevaux.

Bernard TAPIE
Je précise que c'est le skipper qui a le plus de

valeur, puisque c'est lui qui a le taux de notoriété le plus fort pour le kilomètre parcouru le plus faible!

*

Philippe BOUVARD
Y a-t-il eu des Kersauzon excommuniés?

Olivier DE KERSAUZON
Ecoutez, je ne vous demande pas s'il y a eu des Bouvard avec la diarrhée au XVe siècle!
Alors, vous me fichez la paix avec ce qu'il y a pu avoir avec les Kersauzon.

Philippe BOUVARD
N'y a-t-il pas eu de Kersauzon pape? Mais il y a eu un évêque de Kersauzon.

Olivier DE KERSAUZON
Il va y avoir un blessé chez les Bouvard.

Philippe BOUVARD
Il n'aime pas que l'on joue avec un nom dont il est légitimement fier et qui a été porté dès la première croisade...

Olivier DE KERSAUZON
Déporté, aussi.

Philippe BOUVARD
Vous saviez qu'il avait un ancêtre dans la première croisade?

Thierry LE LURON
Qui s'appelait...

Charles Level
Le premier qui a bu la tasse, qui s'appelait Godefroi de Bouillon.

Olivier de Kersauzon
Je vous entends, tous, parler de la mer et vous n'y connaissez rien. Avez-vous vu vos tronches? En bord de mer, même les méduses se taillent! Vous vous mettez en quatre pour faire semblant de m'allumer et, moi, je ne sais même pas ce que vous faites.

Je sais que, lui (*à Jacques Balutin*), il joue au Théâtre des Chaussettes-Blanches pour les mecs du troisième âge.

Le Luron a un spectacle qui remonte à de Gaulle, qui ne peut donc faire se marrer que les mecs nés après 14.

Bouvard se cache derrière les paragraphes de *France-Soir*.

Level a écrit une chanson il y a huit ans, elle est distribuée pour les sourds-muets, en méthode Braille.

Quant à Balutin, je l'ai rencontré pour la première fois aujourd'hui et je connaissais son chien mieux que lui.

Moi, dans le domaine maritime, je suis célèbre. Mais, vous, vous n'êtes célèbres que dans vos domaines de saltimbanques; à part mon petit Phiphi qui est célèbre pour ses voitures. C'est le seul mec qui a réussi à courir un mille mètres dans une Peugeot, et ça, sans se cogner une seule fois!

La voiture de Philippe, c'est comme le slip de Léon : un grand truc pour une petite chose.

*

Philippe Bouvard
Castelli, vous baisez la main des dames, je crois?

Thierry Le Luron et André Gaillard (*en chœur*)
C'est tout c' qu'il baise!

*

Bernard Tapie
J'espère qu'il est radin en fringues, alors, parce que si c'est à cause de ses revenus qu'il s'habille comme ça!

Olivier de Kersauzon
Et toi, on dirait un mec de bodygraph. T'as vu tes fringues?

Bernard Tapie
Elles sont belles, elles sortent toutes de chez moi.

Olivier de Kersauzon
C'est sûr que pour te cacher dans la foule de Barbès, c'est bonnard! On dirait un mac des années cinquante. T'as pas des pompes bicolores et quand tu tapes sur les talons il y a des phares qui s'allument, non?

Philippe Castelli
Mais ils se connaissent...

Philippe Bouvard
Non, mais il y a une bonne ambiance aujourd'hui!...

*

Darie Boutboul
J'aimerais que vous me racontiez vos naufrages. Le dernier, c'était quand?

Olivier DE KERSAUZON
J'en ai fait un il y a quatre ans, cinq ans, six ans, sept ans, huit ans...

Philippe CASTELLI
Mais elle cherche la rouste!

Olivier DE KERSAUZON
Elle ne l'aura pas, parce qu'une gonzesse comme ça, pour l'attraper, il n'y a que l'antimites!

Darie BOUTBOUL
Mais vous m'aviez dit que vous étiez parti sur un bateau, là, vous êtes déjà revenu?

Olivier DE KERSAUZON
En plus, elle est sourdingue. C'est pas tout d'étriller le cheval, les vasouilles, là, sous les cheveux où c'est gras, tu prends un coton-tige et tu retires. Tu n'es pas obligée d'écrire « miel de Provence » sur le dépôt, mais...

Darie BOUTBOUL
Il a fait forfait? Il faut m'expliquer, moi, je ne sais pas d'où il vient.

Olivier DE KERSAUZON
Ecoute, si on commence à t'expliquer, comme tu ne comprends jamais rien, on va y passer notre vie! Alors, tu attends, tu montes sur un cheval, quand il fait « prout », faut que ça démarre...
Je ne savais pas que le « festival du boudin » était ouvert!

Philippe BOUVARD
Je suis ravi que tout le monde se connaît et s'apprécie...

*

Bernard Tapie
Il ne faut pas que meurent les entreprises en difficulté, grâce à moi elles ne meurent pas.

Olivier de Kersauzon
Elles ne meurent pas, elles restent malades.

Bernard Tapie
Là, il dit n'importe quoi. Elles marchent toutes, sans exception.

Olivier de Kersauzon
Dans un fauteuil roulant...

Bernard Tapie
Elles marchent. La preuve, c'est qu'elles vont peut-être te payer un bateau.

Olivier de Kersauzon
J'en veux plus.

Bernard Tapie
Tu ne veux plus courir sous mes couleurs?

Olivier de Kersauzon
Je ne veux plus courir sous tes couleurs. Je ne veux plus avoir aucun rapport avec toi, même sexuel!

Bernard Tapie
C'est la seule chose dont on n'avait pas encore parlé à mon sujet. On avait tout dit, sauf que j'étais homosexuel!

Olivier de Kersauzon
Non, pas du tout... J'aurais jamais pensé à ça.

Bernard Tapie
J'ai cru que tu allais me trahir?

Olivier de Kersauzon
C'est pas parce que tu te rapproches du vélo que t'es de la pédale!

*

Olivier de Kersauzon
T'es fâché avec le mec qui t'a offert ta cravate? ou quoi?

Bernard Tapie
Ça t'emmerde parce que tu es incapable de comprendre ce style de mode. Il faut avoir un minimum de culture artistique pour comprendre ça!

Olivier de Kersauzon
Oui, oui... Le sac à vomir est sous le siège, patron?

Bernard Tapie
Cela dit, pour te faire plaisir, je peux t'habiller quand même parce que j'ai un stand aux Puces, maintenant.

Olivier de Kersauzon
T'as certainement eu les puces avant le stand!

Bernard Tapie
C'est bon signe si t'as des puces, c'est que tu es en

bonne santé. C'est pas con, les puces; elles ne vont pas sur n'importe qui!

Philippe CASTELLI
Oh! mais il a de la réplique, l'industriel!

IX

Les absents ont toujours tort

Philippe Bouvard
C'est fou le nombre de livres de chanteuses qu'il y a!

Gloria Lasso
Ah! mais le mien, ce n'est pas un livre de chanteuse! Et pas non plus un recueil de salades et de tomates, attention!
Il y a une différence entre les salades, les tomates et la vie d'une femme. Ça, j'y tiens!

Françoise Xenakis
Comme elles s'aiment entre elles, toutes ces dames!

Sophie Desmarets
Elles ont le même emploi, c'est pour ça!

Philippe Bouvard
Oui, oui. Chanteuses à accent...

Gloria Lasso
Non, non. Chanteuse, non! Peut-être Zaraï a-t-elle écrit sur les salades et sur les tomates... Mais chanteuse!...

Philippe BOUVARD
Vous avez été une fois ensemble dans cette émission. Je crois que ce jour-là vous l'avez battue d'une poitrine?...

Gloria LASSO
Vous savez, ce n'est pas difficile! Moi, j'ai une poitrine et bien placée, elle, ce doit être deux œufs au plat!

Philippe BOUVARD
Oh! ben, dites donc, deux œufs au plat!... On peut dire beaucoup de choses de notre amie Rika, mais pas qu'elle manque de coffre!...

Gloria LASSO
Sa poitrine, vous l'avez vue?

Philippe BOUVARD
Je la vois parce que la façon dont elle est habillée ne laisse rien ignorer de ses charmes supérieurs!...

Sophie DESMARETS
Et puis elle a un beau derrière! Elle a dit qu'elle était obligée de prendre un appareil spécial pour se mettre le derrière dans l'eau... Elle l'a dit!...

Philippe BOUVARD
Oui, une bassine normale ne l'accueille pas!...

Alice SAPRITCH
Plaisantez, plaisantez!
Moi, je veux bien être plaisantée avec un milliard de droits d'auteur! C'est quand même formidable. Quand c'est bon et que ça rapporte un milliard, ça ne m'épate pas... Mais quand c'est rien et que ça rapporte un milliard, je dis chapeau!

Moi, je suis toujours fascinée par les choses extraordinaires, comme ça!

Sophie Desmarets
Par la réussite?

Alice Sapritch
Non. Quand il y a du talent, ça ne me fascine pas puisque j'ai la clef du mystère... Mais quand il n'y a rien et que ça rapporte autant d'argent, je dis chapeau!

*

Philippe Bouvard
Une question de Mme Martin qui habite Saint-Germain-de-Taillevende.
Quelle différence y a-t-il, au sens médical des termes, entre un débile et un dément?

Jean Yanne
Le dément ne peut pas être élu à l'Assemblée nationale... Le débile, c'est facile comme tout!...

Gérard Jugnot
Il y en a un pour qui c'est congénital et l'autre pour qui c'est par accident.

Philippe Bouvard
Voilà. Exactement. Le débile est un taré de naissance et le dément était souvent au départ quelqu'un d'intelligent... Mais les vicissitudes de l'existence...

Darie Boutboul
Par exemple, Philippe Castelli, c'est quoi?

Gérard Jugnot
C'est un croisement entre les deux, lui!

Philippe Bouvard
Ne vous y trompez pas! Il est très intelligent, très astucieux et très cultivé.

Gérard Jugnot
... Mais débile!

*

Thierry Le Luron
Krasucki, on dirait qu'il n'est pas fini! Quand il parle, on dirait qu'il manque des pièces... Il faut le suivre, c'est un rébus!
Il est drôle. Je crois qu'il parle comme s'il s'adressait à des analphabètes, mais il est très intelligent. Il n'est pas marié, il vit chez sa maman...

*

Philippe Bouvard
Gloria, c'est difficile d'être le mari d'une chanteuse connue, hein?

Gloria Lasso
Les messieurs sont très prétentieux!

Darie Boutboul
Quand on est une femme, il faut épouser quelqu'un de plus connu que soi.

Gloria Lasso
J'ai essayé ça aussi, mais il était encore plus con!...

Thierry Le Luron
J'ai un mari pour vous, Gloria, Eddie Barclay!

Gloria Lasso
Qu'est-ce que vous voulez que j'en fasse? Moi, les maris avec des béquilles! très peu!

Philippe Bouvard et Thierry Le Luron (*en chœur*)
Oh, oh! Non, non. Il n'a pas de béquilles... Il a seulement un tuteur!...

*

Philippe Bouvard
M. Castelli a ses fans. Il y a des femmes qui le trouvent distingué et il l'est!

Darie Boutboul
Forcément, à la radio!...
La dernière fois que je suis venue, il cherchait la caméra... Je ne sais pas pourquoi, on envisageait de faire l'émission chez lui et je me rappelle qu'il a dit :
– Oui, mais, chez moi, on ne pourra pas mettre les caméras!...

Philippe Bouvard
Alors, on lui a expliqué que depuis trois ans il faisait de la radio!

*

Philippe Bouvard
Léon a un tas de petites habitudes qui sont inspirées généralement par l'hygiène.

Darie BOUTBOUL
Ah! oui? Eh bien, ça ne se voit pas en le regardant...

Roger CAREL
C'est drôle, j'ai l'impression que vous ne pouvez pas le sentir!

Darie BOUTBOUL
C'est vrai, il est toujours sale quand il vient à l'émission... Or, le dimanche, aux courses, il est très chic.

Philippe BOUVARD
Vous trouvez que Léon n'est pas soigné?

Darie BOUTBOUL
C'est pas qu'il n'est pas soigné, c'est qu'il doit manger des yogourts percés! Il en a toujours partout...

Philippe BOUVARD
Qu'est-ce qui vous fait dire que ce sont des yogourts?

Darie BOUTBOUL
Il bave, il bave...

Philippe BOUVARD
Non, il ne bave pas, Léon. Ça, c'est pas vrai!

Daniel CECCALDI
Mettons qu'il éclabousse un peu...

Philippe BOUVARD
Non, il projette; ce qui est différent!

Roger Pierre
Il projette et il macule!

Daniel Ceccaldi
Il projette dans un cercle très large...

Philippe Bouvard
Non. Pas dans un cercle très large, car c'est entre deux dents, toujours les mêmes. Il ne faut pas dire du mal des copains!

Darie Boutboul
Les deux seules dents qui lui restent!

Philippe Bouvard
Léon est un de nos bons camarades et en même temps une de nos recrues les plus étonnantes, puisqu'il profère maintenant des énormités qu'il n'aurait jamais pu placer, il y a quelques années, dans le journal télévisé!

*

Darie Boutboul
Dalida est entrée au Panthéon?

Daniel Ceccaldi
Et on l'a laissée ressortir, dis donc!...

Darie Boutboul
C'est bien dans le Panthéon qu'est entrée Dalida?

Philippe Bouvard
Le jour où Mitterrand y est entré...

Darie Boutboul
Oui, avec Dalida. Il est toujours avec Dalida!

Roger CAREL
Non. Je crois qu'ils ont rompu!

Philippe BOUVARD
Elle est avec Chirac, maintenant...

Darie BOUTBOUL
Mais elle n'est pas entrée au Panthéon?

Roger CAREL
Non. C'est une faute de frappe, c'est dans le pantalon...

*

Jacques MARTIN
J'ai un très beau surnom pour Kersauzon, si vous avez une marque de conserves : « CAPTAIN COOL ». Si vous faites dans la sardine ou dans le maquereau mariné...

*

Linda DE SUZA
On a entendu dire que l'homme descendait du singe.

Gérard JUGNOT
Et le singe descendait d'où? De l'ascenseur?...

Linda DE SUZA
De l'arbre. D'où l'histoire de la pomme!

Gérard JUGNOT
Et l'arbre descend de qui? C'est ça, le problème...

Bernard Tapie
De Sapritch. Quand on regarde bien, elle est un compromis entre toutes ces civilisations... De l'époque néolithique à aujourd'hui! Elle a tout gardé...

Daniel Ceccaldi
C'est un carrefour...

Bernard Tapie
Le tronc, le front, tout!...

Gérard Jugnot
Sapritch, elle descend à la fois du singe et de l'homme, c'est ça?

Philippe Bouvard
Vous l'avez déjà vue de près, Alice?

Gérard Jugnot
De près, ce n'est pas supportable!

Philippe Bouvard
Elle est charmante, Alice.

Linda de Suza
Elle a beaucoup de charme.

Philippe Bouvard
Et vous, monsieur Tapie? Vous l'avez vue de près?

Bernard Tapie
Je l'ai vue une fois.

Philippe Bouvard
Où? Vous avez le temps d'aller au zoo?

Bernard TAPIE
J'étais à moins de dix mètres...

Philippe BOUVARD
Comment avez-vous su que c'était elle?

Bernard TAPIE
C'était marqué dessus.

Philippe BOUVARD
Et elle vous a reconnu?

Bernard TAPIE
Non, non.

Philippe BOUVARD
Donc, c'était bien elle!
Elle est venue ici plusieurs fois et elle est très drôle. Elle sait se moquer d'elle-même!

Bernard TAPIE
Pas de livret militaire?

Philippe BOUVARD
Pas du tout.

Bernard TAPIE
Vous l'imaginez dans une caserne?

Philippe BOUVARD
Elle aurait fait des ravages.

Bernard TAPIE
Ça, ça ferait un beau film, ça ferait un film super!

Gérard JUGNOT et Daniel CECCALDI (*en chœur*)
Pour Avoriaz! Le festival de l'horreur!...

Philippe BOUVARD
Vous la mettez en boîte, mais elle a été très belle. C'était une jeune fille charmante!

Gérard JUGNOT
A Lascaux, sur les murs de la grotte, il y a un portrait d'elle...

*

Alice SAPRITCH
Et le ramassage des crottes sur les trottoirs? Je ne sais pas qui a eu cette idée saugrenue du ramassage sur les trottoirs, parce que c'est une idée d'une absurdité!... Vous n'avez jamais regardé!

Olivier DE KERSAUZON
Eh! Ça vous a quand même permis de vous faire ramener chez vous, à moto, plusieurs fois...

*

Philippe BOUVARD
C'est très dur de traire une vache. Moi, j'ai essayé une fois. C'était à la télévision, dans une émission de Jacques Martin où il nous avait conviés, Léon Zitrone, Bernard Pivot, je ne sais plus trop qui et moi. Il y avait des vaches, il nous a assis sur un petit tabouret, on a commencé à les tripoter... Ben..., rien...

Darie BOUTBOUL
Philippe! N'exagérez pas, vous êtes comme moi, vous pouvez faire ça debout, non?

*

Philippe Bouvard
Une question de M. Hubert, de Bruxelles.
Quelle est la femme qui fut faite « homme honoraire », voici quelques années...

Olivier de Kersauzon
Amanda Lear ?

Philippe Bouvard
... à l'occasion d'un voyage en Arabie Saoudite ?

Charles Level
La reine d'Angleterre.

Philippe Bouvard
La reine d'Angleterre. Bonne réponse de Charles Level.

*

Philippe Bouvard
Marie Laforêt devait se maquiller avant de venir et le chirurgien esthétique est arrivé avec un quart d'heure de retard, donc on ne va pas la voir tout de suite...

Olivier de Kersauzon
A son stade, c'est pas un chirurgien esthétique, c'est un conducteur de travaux qu'il faut.

Gérard Jugnot
Vous êtes dur avec cette femme, j'étais déjà amoureux d'elle quand j'avais six ans.

Philippe BOUVARD
Voilà qui est gentil!

Olivier DE KERSAUZON
T'as toujours aimé les vieilles.

Philippe BOUVARD
Entrée de Marie Laforêt avec un peu de retard! Gérard Jugnot a dit qu'il vous admirait beaucoup, l'Amiral a dit qu'il ne vous admirait pas du tout...

Marie LAFORÊT
Evidemment, le moussaillon, à chaque fois que je le vois, il est toujours occupé avec quelqu'un d'autre! Alors...

Olivier DE KERSAUZON
Eh! Je ne fais pas dans la gériatrie, moi, maman...

Philippe BOUVARD
Voyez-vous souvent l'Amiral dans des soirées?

Marie LAFORÊT
Non, j'ai vu le moussaillon seulement une fois.

Philippe BOUVARD
Moussaillon!

Marie LAFORÊT
Je ne vais pas lui laisser le grade d'amiral, après ce qu'il m'a dit! On rétrograde doucement... doucement. Mais moussaillon, c'est mieux que rien.

Olivier DE KERSAUZON
Continue, mémé! Tu te prépares une belle retraite. Tu vas avoir ta carte Vermeil, tout à l'heure. Vas-y, remue ton dentier maintenant...

Gérard Jugnot
Qui aime bien chatouille bien!

Philippe Bouvard
Amiral! Une femme charmante, qui a du talent, de l'intelligence...

Olivier de Kersauzon
On est là pourquoi? Pour prendre du pognon. Alors le reste... Que ce soit une femme, un homme, un chien, un lapin de garenne...

Marie Laforêt
Ah! ben lui, il est zoophile... Vous savez ce que c'est, un zoophile?

Olivier de Kersauzon
Un zoophile, c'est quelqu'un qui aime les animaux.

Marie Laforêt
Y a pas de honte, chez vous en Bretagne les poulets sont très bien traités.

Olivier de Kersauzon
Je préfère un poulet de l'année à une vieille poule!

*

Gérard Jugnot
(*parlant de la robe de Marie Laforêt*)
C'est de la peau de chamois, ça, madame Laforêt?

Marie Laforêt
Oui. Tu peux toucher, toi. Touche, touche...

Philippe BOUVARD
C'est de la peau de chamois?
Ah! moi, j'aimerais frotter mon pare-brise avec ça, ce doit être agréable!

Olivier DE KERSAUZON
Il suffit de la mettre au milieu de la route et de rentrer dedans. Tu te la plantes à cent vingt à l'heure!...

*

Philippe BOUVARD
Question de Mme Guinar, d'Hagondange.
Lorsqu'il est né, il présentait les caractéristiques suivantes : les doigts de ses mains et de ses pieds, très longs, étaient réunis par une membrane; le lobe de ses oreilles était trois fois plus long que la normale. De qui s'agissait-il?

Marie-Christine BARRAULT
C'est le personnage d'*Elephant Man*?

Darie BOUTBOUL
Ça doit être Philippe Castelli avant qu'on l'opère!

Olivier DE KERSAUZON
On tire sur les absents?

Danièle GILBERT
Il est resté comme ça longtemps?

Philippe BOUVARD
Il est toujours comme ça.

Darie BOUTBOUL
Il est éternel... Ce n'est pas Bouddha?

Philippe BOUVARD
C'est Bouddha.

*

Philippe BOUVARD
Léon Zitrone a commencé dans le dégraissage, ses parents avaient une petite teinturerie...

Bernard TAPIE
Ah! On a dit tout à l'heure qu'on ne parlait pas de ceux qui sont absents.

Philippe BOUVARD
Léon n'est jamais absent. Sa grande ombre et son odeur persistent...

Olivier DE KERSAUZON
Bande de salauds!

Philippe BOUVARD
Ah! vous pouvez parler, vous! Vous appelez Léon « Moby Dick »...

Olivier DE KERSAUZON
Oui, mais quand il est là. Moi, je ne dis jamais rien sur lui quand il est absent.

Philippe BOUVARD
Eh oui, il aime bien qu'on parle de lui quand il n'est pas là, Léon.

Olivier DE KERSAUZON
D'ailleurs, le K.G.B. ne veut pas...

*

Philippe BOUVARD
Dites donc, le séducteur, il vous manque des cheveux, là, sur le dessus!

Daniel CECCALDI
Non, j'ai changé de perruque.

Philippe BOUVARD
C'est une vieille moumoute de Guétary, on dirait?

*

Philippe CASTELLI
On ne dit jamais du mal des absents ici. Regardez, Dalida, quand elle vient...

Philippe BOUVARD
... Elle ne vient pas.

Philippe CASTELLI
Dalida, jamais on n'en dit du mal.

*

Linda DE SUZA (*parlant de Castelli*)
Il n'est pas si vieux que ça!

Olivier DE KERSAUZON
Il n'est pas vieux pour le petit-fils de Dalida!

Philippe CASTELLI
Oh! cette pauvre Dalida! On dit tout le temps du mal d'elle.

Olivier DE KERSAUZON
On ne dit pas du mal, au contraire.

Philippe CASTELLI
On dit seulement qu'elle est bigleuse...

*

Philippe BOUVARD
De M. Latré, de Sart-lez-Spa.
Qui a dit : « Un bonheur qui est passé par la jalousie est comme un joli visage qui est passé par la petite vérole. Il reste grêlé »?

Bernard TAPIE
C'est de Georges de Caunes, non?

Philippe BOUVARD
Non. Son nom serait complètement oublié, j'ai l'impression, s'il n'avait pas laissé, à dix kilomètres de Paris, quelque chose qui le rappelle.

Olivier DE KERSAUZON
Marcel Orly?

Patrick SÉBASTIEN
Bourget?

Philippe BOUVARD
Oui. Paul Bourget.

*

Philippe BOUVARD
Qui a dit : « On a toujours prétendu que les hommes étaient plus intelligents que les femmes, mais j'ai rarement vu une femme courir après un homme parce qu'il avait de belles jambes »?

Olivier DE KERSAUZON
C'est une femme?

Laurence BADIE
Une comédienne?

Jacques MARTIN
Tiens! une comédienne intelligente!

Olivier DE KERSAUZON
Intelligente, comédienne et vivante...

Jacques MARTIN
Simone Signoret, Madeleine Renaud, Arletty?

Olivier DE KERSAUZON
Elle est très vieille?

Philippe BOUVARD
C'est pas un perdreau de l'année!

Olivier DE KERSAUZON
Elle a cent ans?

Philippe BOUVARD
Elle a plus de soixante-dix ans.

Olivier DE KERSAUZON
Marie Laforêt?

Jacques MARTIN
Le soir où tu l'as connue, elle était en automne, c'est pas possible!

Laurence BADIE
Alice Sapritch?

Philippe BOUVARD
Non. Vous dites Sapritch, j'ai pas dit qui fait plus de soixante-dix ans, j'ai dit qui a pour l'état civil plus de soixante-dix ans.

Jacques MARTIN
C'est une grande comédienne, une grande dame?
Marlène Dietrich?

Philippe BOUVARD
Marlène Dietrich. Bonne réponse.

*

Philippe BOUVARD
De Mme Parisot, d'Alençon.
Quel écrivain a dit : « Un riche peut passer pour un cleptomane, mais un pauvre est toujours un voleur »?

Laurence BADIE
C'est pas Guy des Cars?

Philippe BOUVARD
J'ai dit que c'était un écrivain!

Laurence BADIE
Ah! oui, pardon!

Jacques MARTIN
Vous avez remarqué, ça s'appelle « en toute amitié », cette émission. Intelligent?

Philippe BOUVARD
Il n'est pas besoin d'être intelligent pour réussir dans la littérature.

Jacques MARTIN
Ah! bon! Yves Montand.
Ne faites pas « Oh!... » quand j'énonce des vérités premières!
Bazin?

Philippe BOUVARD
Hervé Bazin. Bonne réponse.

Jacques MARTIN
C'est drôle, hein! Il n'a pas une tête à être spirituel!

Laurence BADIE
Tu trouves que c'est si drôle que ça?

Jacques MARTIN
Non. C'est exactement comme Troyat, on le voit davantage comme arbitre de catch que comme un écrivain. Cela dit, quand il écrit, il ferait mieux de retirer ses gants de boxe!

*

Olivier DE KERSAUZON (*à Philippe Bouvard*)
Hé! Votre lime à ongles, elle n'est pas terrible, hein?

Jacques MARTIN
Ben, surtout qu'il doit s'en servir pour manger les spaghetti, alors elle s'érode!

Olivier DE KERSAUZON
Non, ça doit lui servir de planche de surf!...

X

Histoires

Jane BIRKIN
C'est l'histoire d'une dame qui avait une mauvaise haleine, elle dit :
- Tu es méchante de dire que quand je souffle sur quelque chose ça meurt, parce que voilà une mouche, je souffle et elle marche encore! Regarde, elle marche encore...

L'autre lui dit :
- Oui, mais c'est une mouche à merde!

*

SIM
C'est l'histoire d'un pilote belge qui arrive à Roissy, en France. Il dit :
- Ici, le pilote... Je voudrais demander l'autorisation d'atterrir.

La tour de contrôle lui dit :
- Veuillez préciser votre position.

Le commandant répond :
- Je suis assis à l'avant gauche de l'appareil!...

*

Bernard TAPIE
C'est un mari qui n'arrive pas à satisfaire sa femme malgré ses efforts. Il fait appel à un veilleur

de nuit qui est considéré comme le meilleur étalon de la ville. Le lendemain matin, il retrouve le veilleur écroulé par terre, sa femme est debout sur le lit et crie : de l'amour, de l'amour!

Il ne sait plus comment faire. On lui explique que le gorille et le chimpanzé, c'est plus sûr.

Pour savoir quelle est la capacité de sa femme, il apprend au gorille à faire un trait chaque fois qu'il l'honore.

Le lendemain matin, qu'est-ce qu'il voit? Le gorille est debout sur le lit et hurle : de la craie, de la craie!...

*

Roger PIERRE

C'est un général qui raconte des grossièretés. Il assiste à un repas de communion et dit :
– Est-ce que je peux en placer une?
– Non, non. C'est trop grossier ce que tu dis.
La communiante intervient :
– Oh! si, général, une histoire, une histoire!
– Je vais vous en raconter une. Mademoiselle, quelle différence y a-t-il entre une belle paire de testicules et une dynamo?
Et la communiante fait :
– Pardon, monsieur, qu'est-ce que c'est qu'une dynamo?...

*

Philippe CASTELLI

Le médecin enlève le plâtre de la main droite de la jeune mariée. Il lui demande :
– Pouvez-vous remuer le membre?
Alors la malheureuse rougit et bredouille :
– Ce n'est pas facile, mais j'ai appris à le faire de la main gauche.

*

Roger Pierre

Dans le ciel, qu'est-ce que c'est qu'un point noir avec deux points blancs?

C'est un corbeau noir avec des chaussures de tennis!

*

Sim

La semaine dernière, j'ai tué un pigeon qui était bagué, dans le petit tube il y avait : « Envoyez les taxis, on va gagner. »

Qu'est-ce qu'il était dur quand je l'ai mangé!...

*

Michel Boujenah

On est en Pologne. C'est un mec qui marche le soir vers six heures, il rentre chez lui.

Il voit une queue... Il s'approche, il regarde le devant de la queue, il se dit :

« Il n'y a rien devant, pas de magasin! Il y a peut-être un camion qui va arriver et qui va distribuer quelque chose!... »

Il se met au bout de la queue et il attend. Une heure, deux heures, trois heures, cinq heures... Au bout de cinq heures, ils sont trois cents à faire la queue.

Il se dit : « Merde, moi, j'ai quand même envie de savoir pourquoi on attend! »

Et il demande au mec qui est devant lui :

– Tu sais pourquoi on attend?

– Non, je ne sais pas pourquoi on attend, mais on attend!

Il prend le mec qui est encore devant lui et lui demande :

— Tu sais pourquoi on attend, toi?
— Non, je ne sais pas pourquoi on attend!

Il fait tous les mecs, comme ça... Il arrive devant le premier et dit :

— Dis-moi, tu es le premier, au moins tu dois savoir pourquoi on attend?

L'autre lui répond :

— Tu veux que je te raconte ce qui s'est passé? J'étais en train de marcher dans la rue, tranquille... Mon lacet s'est défait... Je me suis baissé pour renouer mon lacet et quand je me suis relevé il y avait quatre types derrière!

— Tu veux dire que ça fait cinq heures qu'on attend dans le froid, alors qu'on n'attend rien? Et pourquoi, toi, tu restes?

— Parce que pour une fois que je suis le premier!...

*

Gérard JUGNOT

Une devinette que m'a racontée Le Pen.

Quelle est la différence entre E.T. et un travailleur émigré?

E.T. veut rentrer chez lui!

*

Philippe CASTELLI

C'est Malraux qui fait visiter le Louvre au général de Gaulle et à sa femme.

— Vinci, Watteau, Fragonard...

Au bout d'un moment, on entend la voix de la générale :

— Vous savez, Charles, ce serait quand même agréable d'avoir des toiles comme ça à la maison!

Alors de Gaulle foudroie son épouse du regard...

– Yvonne, enfin, quand voulez-vous que je trouve le temps de peindre?

*

Gérard Jugnot

C'est un mec qui va chez le coiffeur, la fille lui dit :
– Je vous fais un shampooing aux œufs?
Et le mec dit :
– Non, non. Juste sur la tête.

*

Darry Cowl

Vous connaissez l'histoire du gars qui dit à un autre gars :
– Je te parie que je me mords l'œil droit!
– Tu te mords l'œil droit! Pari tenu...
Alors le gars rentre son doigt dans son œil droit, retire son œil de verre, le met dans sa bouche et le mord...Il remet l'œil de verre.
– Chapeau! dit l'autre.
– Plus fort, je te parie que je me mords l'œil gauche!
– Ben, dis donc, t'as quand même pas deux yeux en verre? Je tiens le pari.
Alors le gars retire son dentier et se mord l'œil gauche...

*

Roger Pierre

Groucho Marx prenant le pouls à quelqu'un :
– Ecoutez, cher ami, ou vous êtes mort ou ma montre est arrêtée!...

*

Philippe Castelli
Une histoire juive :
L'épitaphe sur la tombe d'un juif :
Samuel GOLDENBERG, 1840-1920.
Au-dessous...
La vente continue 22, rue du Sentier...

*

Gérard Jugnot
Vous savez pourquoi les homosexuels espagnols et les homosexuels russes ne se réunissent jamais?
Parce qu'il y en a un qui dit SI et l'autre DA...

*

Thierry Le Luron
C'est Chazot qui va chez le charcutier et qui achète un saucisson, l'autre lui fait :
– Vous voulez que je vous le coupe en rondelles?
– Vous prenez mon cul pour une tirelire?

*

Philippe Castelli
Quelle différence y a-t-il entre une femme et un ascenseur?
Aucune, on les envoie en l'air avec un seul doigt.

*

Philippe Bouvard

C'est avant l'enterrement. La veuve est à côté du cercueil et dit au chef croque-mort :

– Monsieur, je voudrais vous demander un petit service.

Elle se penche à son oreille et lui murmure quelque chose.

Il lui dit alors :

– Madame, je ne peux pas, le règlement me l'interdit.

Elle insiste :

– Je vous en prie.

Alors il lui demande :

– Vous avez un couteau de cuisine ?

Elle va chercher un couteau à la cuisine et elle explique aux autres croque-morts qu'elle voudrait bien que l'on tranche une excroissance, tout à fait normale, qu'avait le défunt à la partie avant de son individu.

Le croque-mort fléchit :

– De toute façon, ça ne lui fera pas mal, au pauvre type, il est déjà mort. Ça va peut-être apaiser le chagrin de la veuve.

Alors il prend l'objet d'une main et le couteau de l'autre. Il tranche et puis il donne à la veuve.

– Madame, quand même, j'aimerais bien savoir pourquoi vous avez formulé cette curieuse exigence ?

Alors elle :

– Je vais la mettre dans mon pot-au-feu. Ça faisait trente ans qu'il me la faisait bouffer crue tous les matins, j'aimerais bien savoir le goût qu'elle a cuite !

*

Jean YANNE

Entre minuit et deux heures du matin, un monsieur très chic, très bien habillé, sort d'un cabaret des Champs-Elysées, marche sur l'avenue George-V, prend le pont de l'Alma, descend un petit escalier et se promène sur les quais.

Il voit un clochard qui dort profondément. Il le secoue un peu. Le clochard ne bouge pas, il le secoue une deuxième fois, le clochard ne bouge toujours pas. Alors il lui défait sa ceinture, il baisse son pantalon et il le sodomise.

Il se dit : même si c'est un clochard, ça m'a fait du bien, je vais faire un petit geste. Il sort un billet de cent francs et le met sous la tête du clochard.

Le clochard, le lendemain matin, se réveille et voit le billet de cent francs. Il remonte la passerelle, arrive dans le premier bistrot et dit :

– C'est moi qui paie. Beaujolais pour tout le monde!

Et puis, le lendemain soir, le même monsieur, vers deux heures du matin, sort d'un cabaret des Champs-Elysées, descend, etc.

Et ça dure huit jours.

Et chaque fois le clochard, le lendemain matin, voit le billet, va dans le bistrot et dit :

– C'est moi qui paie. Beaujolais pour tout le monde!

Ça dure encore dix jours.

Au bout de dix jours, le monsieur, etc. Il se dit : ça fait vingt jours que je fais cela, je vais faire un petit geste, et il lui met deux cents francs sous la tête.

Le lendemain, le clochard se réveille, il voit les deux cents francs. Il monte la passerelle et va au bistrot.

Alors le patron du bistrot le voit arriver et dit :

– Beaujolais pour tout le monde?

— Non, non. Du bordeaux parce que depuis vingt jours que je bois du beaujolais, je ne sais pas ce que j'ai, mais j'ai mal au cul!

*

Jean YANNE

Vous connaissez l'histoire du mec qui va aux Puces? Il voit un crucifix.
— C'est combien, l'avion, là?
Le mec lui dit :
— Deux mille francs.
— Et sans l'acrobate?

*

Thierry LE LURON

C'est un jeune homme qui monte avec une prostituée, pour faire son éducation sentimentale. Il dit :
— Qu'est-ce que c'est, ça? Je peux toucher?
— Oui. Tu touches, tu sens. Dépêche-toi, j'ai un autre client.
— Et ça, madame?
— Ça, c'est mes seins.
— Je peux toucher, je peux sentir?
— Oui. Tu touches, tu sens, grouille-toi, j'ai un autre client qui arrive.
— Et ça, madame?
— Ça, c'est mon nombril. Tu en as un, j'en ai un, aucun intérêt.
— Et ça, madame, qu'est-ce que c'est?
— Ça, c'est mon chat.
— Je peux toucher, je peux sentir?
— Oui. Tu touches, tu sens. Grouille-toi maintenant, je me casse.
Alors, il touche, il sent, il fait :
— Ça fait longtemps qu'il est crevé, votre chat?

*

Patrick SÉBASTIEN (*avec l'accent belge*)
Vous connaissez la différence entre Knokke-le-Zoute et Florence?
A Knokke-le-Zoute il y a des filles qui s'appellent Florence, mais à Florence il n'y a pas de filles qui s'appellent Knokke-le-Zoute!

XI

Jeux de mots

Sim
Bouvard, avec ses nouvelles lunettes, des Ray Ban, on dirait une Rolls avec des phares de 2 CV.

*

Charlotte de Turckheim
L'expression favorite d'une de mes copines, c'est : « Chaque fois que je roule une pelle, je me ruine un slip! »

*

Jane Birkin
– Les garçons jouent au billard de poche!
C'est une expression de mon père.

*

Olivier de Kersauzon
J'ai eu une enfance malheureuse, une adolescence médiocre, un âge adulte moche... Et je me prépare à une vieillesse misérable.

Jacques Martin
En somme, une carrière réussie!
Kersauzon est un garçon qui a beaucoup souffert,

vous savez!... Abandonné au seuil d'une église..., il a été placé, d'une façon lamentable, chez des aubergistes qui s'appelaient les Thénardier... Que vous connaissez... Gilbert et Maritie Thénardier!

Moi, je sortais du bagne de Toulon... Je l'ai rencontré qui portait l'eau et on a fait un brin de Cosette...

*

Philippe Bouvard
Une question de Mlle Charpagne.
Qu'est-ce qu'on ne peut pas faire dans les bois, sans risquer une amende de quatre cents francs?

Jacques Martin (*poussant des ha, ha!*)
Et c'est un récidiviste qui pose la question!
(*S'adressant à Peter Ustinov*)
Parce que, vous ne savez peut-être pas, Peter, mais, pour regagner son domicile, Philippe s'arrange toujours pour passer par le bois de Boulogne... Il est célèbre là-bas, et quand on l'arrête il dit : « Je m'appelle Grincheux, je cherche Blanche-Neige! »

Et le nombre de fois où, étant pris, il a fait (*chantant avec Charles Level, sur l'air du film de* Blanche-Neige) : Aldo, aldo, en revenant du boulot...

Philippe Bouvard
C'est méchant et inexact!

Jacques Martin
Oh! comment! Il y a même marqué sur les pelouses : *Attention, ne vous asseyez pas sur les pelouses, Bouvard s'y cache!*

Philippe BOUVARD
Revenons à la question.

Charles LEVEL
C'est sur les arbres ou par terre?

Philippe BOUVARD
C'est sur les arbres.

SIM
Marquer des cœurs.

Philippe BOUVARD
Oui. Exactement, graver son nom, son prénom entrelacé dans celui de la personne aimée, avec un cœur comme cadre. Très bonne réponse de M. Sim.

Charles LEVEL
C'est l'article 312 du code Peynet!...

*

Philippe BOUVARD
De Mme Fuon, de Saint-Paul-de-Vence.
Si votre œil a la forme d'un ballon de rugby, alors que sa forme normale est celle d'un ballon de football, de quoi souffrez-vous?

Jacques MARTIN
Il faut changer de télé.

SIM
De la vue.

Philippe BOUVARD
De la vue, bien sûr, mais de quelle déficience optique?

Sim
Cela concerne la vision?

Philippe Bouvard
Ben oui, l'œil, souvent...
Vous allez voir votre ophtalmo et il vous dit : ce n'est pas grave, vous êtes...

Charles Level
Astigmate?

Philippe Bouvard
Astigmate. Bonne réponse de Charles Level.
Qu'est-ce que vous êtes, vous, Peter?

Peter Ustinov
Moi, je retourne à la religion, je suis « presbyte ».

*

Philippe Bouvard
Voici la citation que nous envoie M. Ferere, de Gand.
Qui a dit : « Il ne faut pas dire du mal de la masturbation, c'est une façon comme une autre de faire l'amour avec quelqu'un qu'on aime »?

Darie Boutboul
Il est mort?

Marie-Christine Barrault
Il en est mort...

Philippe Bouvard
On meurt rarement de ça!
Il faut quand même insister beaucoup, hein, pour que l'âme s'en aille avec.

Olivier DE KERSAUZON
Il n'est pas mort, mais il a été très ébranlé...

Marie-Christine BARRAULT
C'est un Français?

Philippe BOUVARD
Non.

Darie BOUTBOUL
C'est un humoriste du début du siècle?

Philippe BOUVARD
Actuel.

Darie BOUTBOUL
Il est jeune?

Philippe BOUVARD
Jeune, il l'a été, mais il l'est un peu moins aujourd'hui.

Marie-Christine BARRAULT
Est-ce qu'il a écrit des scénarios de cinéma?

Philippe BOUVARD
Oui. Et vous êtes impardonnable, chère Marie-Christine Barrault, de ne pas avoir encore trouvé.

Marie-Christine BARRAULT
Woody Allen?

Philippe BOUVARD
Oui. Bonne réponse de Marie-Christine Barrault qui a tourné avec lui.
C'est un personnage assez fabuleux, hein? S'il habitait ici, s'il parlait français et s'il n'était pas aussi cher, moi, je l'aurais invité!

Marie-Christine Barrault
Il serait très bon, parce qu'il est très bon avec les mots. Il a une façon, comme ça, de détourner le sens ou de trouver des sens cachés aux mots, de jouer avec les mots, qui est extraordinaire.

Philippe Bouvard
Vous croyez que la masturbation a un sens caché?

Marie-Christine Barrault
Non. Mais justement, il a une façon de jouer...

Philippe Bouvard
De jouer avec quoi?

Marie-Christine Barrault
Je suis sur une pente savonneuse...

Philippe Bouvard
Ah! Ça prouve que vous êtes propre.

*

Philippe Bouvard
Quels sont les liens entre les Kersauzon et les Bourbons?

Olivier de Kersauzon
Les seuls liens que j'ai avec les Bourbons, c'est l'eau Perrier et les glaçons!
Nous sommes alliés aux Bourbons par les Lacuite et les Gingerel.

*

Olivier de Kersauzon
Mais foutez-lui la paix, à ce génie!

Jacques MARTIN
A qui, ce génie? Ah! tu parles de toi, d'accord!

Philippe BOUVARD
Ah! Il vaut mieux être Génie... qu'homo...

*

SIM
Les Gitanes, quand elles prennent la pilule, c'est des « Gitanes filtre ».

*

Philippe BOUVARD
Qui a dit : « Je n'ai jamais assisté à des courses de spermatozoïdes mais j'ai donné beaucoup de départs »?

Gérard JUGNOT
Woody Allen.

Olivier DE KERSAUZON
Einstein.

SIM
Castelli.

Gérard JUGNOT
C'est Kersauzon.

Philippe BOUVARD
Oui. C'est Olivier de Kersauzon... Et vous, quelle a été votre plus belle course de ce genre?

Gérard JUGNOT
Les « 24 Heures du Gland »!

XII

Chanson et poésie

Gérard JUGNOT
C'est un poème tout simple. Il faut faire attention à ses rimes sinon on se plante!

Le choix dans la date

Un soir où j'étais un peu speed
J'entrai dans une boîte presque vide
Où trois danseuses, sur une toile,
Etaient à genoux,
Comme elles n'avaient pas de tutu,
J'arrêtais pas de mater leur... corps.
Et ce spectacle, sans tarder, me fit penser
Que ce genre de fille c'est pas mon trip!
Mais quand l'une d'elles vint me faire une... bise,
Je m' dis ça baigne!
Une heure après, alors que j'étais en train de l'atten-
                                                   [dre

Elle vint dare-dare et prit mon bras.
En passant dans la rue de Courcelles,
Elle me dit : je ne suis plus... pudique
Depuis que j'ai laissé au village
Mon... pull-over!
Je lui dis pour la mettre à l'aise :
Tu sais, pourvu que je te... plaise,
Toi, tu me branches bien mais voilà mon bus,

Je voudrais que tu me... suives...
Une fois chez moi dans mon deux-pièces,
Ma main s'égara dans ses... cheveux,
Mais je la trouvai un peu pâlotte
En lui retirant sa petite... fourrure
Afin qu'elle puisse m'ouvrir ses bras.
Mais elle me lança tout à coup
Alors que j'allais tirer le verrou :
C'est mille balles qui faut me filer
Pour m'em...brasser...
Bonjour, la paie et l'escalope...
Je déchantais devant cette sa...lade,
Je ne voulais pas m'avouer vaincu
Pour une sordide histoire de... fric
Et je lui dis :
Maintenant, comme tu sais où j'habite,
Passe quand tu veux me serrer la... main
Je te laisse le choix dans la date!...

Philippe Bouvard
C'est joli. C'est poétique, c'est bien fait... Ce n'est pas toujours le mot qu'on attend mais c'est quand même très amusant!

Vous le dites avec beaucoup d'âme et de tendresse...

*

Philippe Bouvard
Une question de Mme Daligand, de Digoin.
Lorsque Jeanne d'Arc vint à Chinon, que fit le roi pour la mettre à l'épreuve?

Jacques Martin et Charles Level (*en chœur*)
Il fit porter ses vêtements par un de ses seigneurs. Elle écarta la foule et le reconnut tout de suite.

Philippe BOUVARD

Ça, ça peut donner une très jolie complainte : la reconnaissance du roi, à Chinon.

Jacques MARTIN (*avec l'accent titi*)

Une chanson pour les jeunes... bien bête... un rock!

> *C'était une môme à Domrémy,*
> *Qui voulait pas rester ici.*
> *Elle trouvait que la campagne ça pue,*
> *Elle avait beaucoup de vertus.*

> *Un jour, à la radio, qu'elle entendit*
> *Des voix qui z'y disaient :*
> *Prends ton bidet, la vieille,*
> *Et va à Chinon.*

Charles LEVEL (*roulant les r*)

> *Elle dit : pourquoi que je me creuse?*
> *Parce que Chinon, c'est dans la Creuse.*
> *Elle est arrivée par hasard,*
> *Elle a vu des mecs vachement beaux.*

> *Elle dit : ce roi pantouflard*
> *Ça doit pas être celui-là,*
> *Parce qu'il avait changé de chapeau*
> *Avec un autre, c'est celui-là.*

Jacques MARTIN

> *Elle a fini un jour à Rouen,*
> *Avec du sel, du poivre et du safran,*
> *Sur un brasier bien mis à chaud,*
> *On aurait dit une côte de veau.*

> *Elle était très croyante!*

Charles Level

C'était une sainte merveilleuse,
Et, depuis elle, on a appelé
Cette histoire bien avantageuse :
La recette de la poitrine fumée.

Jacques Martin

Jacques Vabre se penche sur le bûcher et fait :
– Non, Pedro, celle-là, on aura du mal à la griller.

*

A Olga
Chanson dédiée à Olga Georges-Picot
Créée et interprétée par Olivier de Kersauzon
Accompagnement à la guitare : Charles Level

Olga, quand je prononce votre nom,
A la mer, je voudrais dire non!
Olga, Olga Olga Georges-Picot,
Vous êtes belle comme un bateau.
Avec vous j'aimerais couler
Tous les deux, en algues, enlacés.
Olga, vos yeux, vos yeux sont comme la mer,
La mer Noire, je voudrais naviguer,
J'aimerais tant vous approcher,
Olga, laissez-moi embarquer
Dans votre lit, pour un voyage
Qui ne mène à aucun rivage
Mais qui me laisse, sur votre visage,
Poser mes lèvres toutes mouillées.

*

Poème dédié à Olivier de Kersauzon
Créé et dit par Sim

Accompagnement à la guitare : Charles Level

Mais qu'as-tu donc, petit marin,
Qu'on a bercé sur nos antennes?
Toi qui repars mais qui reviens,
Pour échapper à tes baleines.

Pourquoi dis-tu ces mots si crus?
Qui vont si mal à ta noblesse;
On peut très bien penser au cul,
En ne parlant que de la fesse!

Tu veux frapper tous tes amis
Qui glorifient tous tes voyages,
Tu ne sais pas qu'on applaudit
Quand un marin rentre à la nage!

On t'aime bien, de Kersauzon,
Malgré ton foutu caractère!
Mais si tu n' viens qu' pour le pognon
T'es un marin très terre à terre.

*

Philippe BOUVARD
Amiral, lisez-nous ce qu'on écrit à Castelli.

Olivier DE KERSAUZON
On ne peut pas lire ça!

Mon grand chéri,
 Le temps est bien passé depuis qu'on s'est retrouvés, toi et moi, à Besançon et que sur le quai de la gare tes lèvres molles ont laissé sur mes oreilles, que les cheveux recouvraient à peine, le mou passage d'une limace vivante.
 Tu m'as étreinte de tes deux grands bras mous et j'ai senti ton odeur, et à ce moment-là je me suis dit qu'il était cinq heures et que le train allait arriver...

Je t'ai tricoté un pull-over rouge, j'espère que tu le porteras. N'oublie pas que c'est l'histoire d'un assassin célèbre qui avait enlevé..., découpé en rondelles...

J'espère que ce pull-over rouge te permettra, à toi, d'être heureux et de vivre longtemps.

J'ai gardé tes deux seringues, avec le formol avec lequel tu te piques régulièrement pour rester en forme. Je te les renvoie dans un paquet dimanche prochain, que tante Lily t'apportera à la gare de Nemours au train de 18 h 47.
P.-S. – *Change de grolles.*

*

Sim
Une histoire (*racontée avec l'accent belge et l'accent suisse*) :

Dans un avion, il y avait un Français, un Belge et un Suisse qui étaient parachutistes et malheureusement il n'y avait pas assez de parachutes pour tout le monde.

Alors, le Français dit : « Moi, je suis obligé de sauter parce que je suis père de famille », et il saute.

Ensuite, le Belge dit : « Moi, je dois sauter parce que j'ai beaucoup de responsabilités dans mon pays », et il saute.

Le Suisse fait : « Moi, je saute aussi... »

Comme il n'y avait que deux parachutes, on s'inquiète et on lui dit : « Mais vous allez vous casser la gueule ! »

Il dit : « Eh non, parce que, le Belge, il a sauté avec mon sac à dos... »

Philippe Bouvard
On est toujours le Belge de quelqu'un.

Peter Ustinov
Moi, je pense que ces préjugés existent de nation

à nation. Les Anglais ont les Irlandais, les Américains ont les Polonais... Les histoires américaines sur les Polonais sont formidables.

Il y a l'histoire du premier vol du « LOT » de Varsovie-Los Angeles direct.

... Quand l'avion approche de Los Angeles, le pilote réclame une ambulance et les pompiers parce que la piste est tellement courte!...

Alors les Américains disent : « Qu'est-ce que c'est que ça? Il y a des années que les avions atterrissent ici... Il vaut mieux le faire, parce que s'il y a enquête et accident, on risque gros. » Grâce à une capacité et une technique extraordinaires, les Polonais ont réussi à atterrir. Le pilote dit, une fois l'avion immobile : « Mon Dieu, mais quelle piste courte! » Et le copilote ajoute : « Oui, mais quelle largeur!... »

*

Philippe CASTELLI

Une histoire...

C'est un vieil homme qui se rend au tribunal. Le président lui dit :

— Vous avez été arrêté pour conduite en état d'ivresse, qu'avez-vous à dire pour votre défense?

— Ma conscience est limpide, monsieur le président, car je ne suis ni un débauché comme Baudelaire, ni un facho comme Brasillach, ni un fou comme Gauguin, ni un perverti comme Gide.

Alors le juge l'interrompt.

— C'est assez! Dix jours de prison et mille francs d'amende.

Puis il se penche vers le greffier :

— Vous avez bien noté les noms? Prévenez le préfet de Police et faites-moi arrêter ces zigotos!...

*

Philippe BOUVARD

Vous connaissez l'histoire du monsieur qui va dans une maison de tolérance – naturellement ce n'est pas en France – et qui demande une pensionnaire ?

Toutes les pensionnaires sont occupées, « en lecture », comme on disait naguère. On lui dit : « On a peut-être quelque chose pour vous. » On le conduit dans une chambre pas très éclairée et on lui présente une poupée gonflable. Apparemment tout va très bien, il ne s'aperçoit de rien et au moment de partir on lui demande s'il a été satisfait des services de la personne. Il dit : « Oui, oui. Ce n'est pas une fille très causante mais elle est très coopérative. J'ai pu assouvir grâce à elle tous mes fantasmes. Mais, vers la fin, ça m'a un peu surpris parce que lorsque je lui ai mordu les fesses elle est partie par la fenêtre !... »

SIM

... En sifflant...

*

SIM

Je suis descendu dans un hôtel, dans le Midi, où ils avaient remplacé les numéros des chambres par des noms de navigateurs.

Alors il y avait : Magellan, Christophe Colomb, Vasco de Gama, Dumont d'Urville.

J'ai entendu deux Belges dire *(avec l'accent belge)* : On aurait dû téléphoner pour réserver, je vois que toutes les chambres sont prises.

Table

   I. Pour avoir le premier mot   5
  II. Vraie et fausse culture   15
 III. Amabilités et coups de foudre   25
  IV. Les aveux les moins doux   35
   V. Vie privée 45
  VI. Mufleries   81
 VII. Horreurs et billevesées   97
VIII. Sans cœur et sans pudeur   143
  IX. Les absents ont toujours tort   167
   X. Histoires 191
  XI. Jeux de mots 203
 XII. Chanson et poésie 213

DU MÊME AUTEUR

LES PASSIONS DU DIMANCHE.
CARNETS MONDAINS.
Grand Prix de l'Académie de l'humour 1962.
MADAME N'EST PAS SERVIE.
ULTRA-GUIDE DE DEAUVILLE.
PARIS LA NUIT.
PETIT PRÉCIS DE SOCIOLOGIE PARISIENNE.
Prix Tallemant-des-Réaux.
LETTRE OUVERTE AUX MARCHANDS DU TEMPLE.
COMMENT DEVENIR ANIMATEUR DE RADIO
SANS SE FATIGUER.
UN OURSIN DANS LE CAVIAR.
Prix Scarron.
LA CUISSE DE JUPITER, roman.
IMPAIR ET PASSE.
Un oursin sur les tapis verts, roman.
DU VINAIGRE SUR LES HUILES.
ET SI JE DISAIS TOUT...
L'HUILE SUR LE FEU.
EN PIÈCES DÉTACHÉES.
DOUZE MOIS ET MOI.
TOUS DES HYPOCRITES SAUF VOUS ET MOI...
UN OURSIN CHEZ LES CRABES.
LES CHAMPIONS DU LOTO.
LES FOUS RIRES DES GROSSES TÊTES.
MAXIMES AU MINIMUM.
LE THÉÂTRE DE BOUVARD.
LE PETIT BOUVARD ILLUSTRÉ.

Au Théâtre :
AU PLAISIR, MADAME.
DOUBLE FOYER.

IMPRIMÉ EN FRANCE PAR BRODARD ET TAUPIN
Usine de La Flèche (Sarthe).
LIBRAIRIE GÉNÉRALE FRANÇAISE - 6, rue Pierre-Sarrazin - 75006 Paris.
ISBN : 2-253-04191-2   30/6357/5